KB264962

서벌턴的 시각에서
토마스 하디의
소설과 시 다시 읽기

서벌턴的 시각에서

토마스 하디의 소설과 시 다시 읽기

사공 철 지음

도서출판 **│동인**

필자가 '서론'에서 탈식민 담론을 화두로 잡은 것은 지배담론에 맞선 저항담론의 이해를 바탕으로 역담론의 이론적 틀을 설정해 보고 나아가 서벌턴적的 시각에서 토마스 하디의 소설과 시를 다시 읽어 보려는 것이었다.

본 서書에서 이론적 논지를 관류하는 키워드 "서벌턴"subaltern은 저항담론의 주체로서 '억압받거나', '아래에 놓인' 주체, 즉 하위주체를 의미한다. 여기서 다루고 있는 하디의 소설 두 편에 나타나는 주 인물들에 대하여 남성에 대한 하위주체로서의 여성과 여성에 대한 하위주체로서의 남성, 그리고 시 15편에서 나타나는 신에 대한 또 다른 하위주체 모습으로서의 내재의지를 중심으로 다시 읽기를 시도하였다.

필자는 소설에 나타나는 젠더와 사회의 관계, 즉 성과 사랑, 신분과 사회의 문제에 대한 지배와 저항의 문제가 주 관심사였다. 그리고 시에 나타나는 인간과 신의 문제도 깊이 고민해 보고자 하였다. 이러한 필자의 관심과 고민은 자연스럽게 탈식민 담론에 관한 공부로 이어졌고 이를 담아 읽고 싶은 소설과 시를 생각하던 중 토마스 하디의 문학세계와 접목해 보고 싶은 욕망이 생겼다. 하디는 19세기 말 20세기 초 격동기를 살다 간 열정적 소설가이자 시인이기 때문이다.

필자가 생각하는 하위주체의 양상을 하디의 소설과 시에서 일관되게 밝혀내어 그 의미를 찾아내려는 읽기의 탐구가 시작된 것이다.

여기서 다룬 하디의 두 편의 소설의 여주인공 테스와 남성 주인공 주드의 삶은 주변 인물들과의 복합적인 사회 맥락 속에서 좌절되고 비극으로 끝나가는 하위주체의 모습으로 비추어진다.

남성과 여성의 사랑의 양가적 가치의 궁극적인 목적은 변증법적인 합일과 조화일 것이다. 그러나 여성에게 해방된 삶을 부여하면 할수록 그 만큼 남성의 영역은 제한되었고 또한 마찬가지로 남성에게 해방된 삶을 부여하면 할수록 그만큼 여성의 영역은 제한되는 이들이 겪는 상호 갈등 속에서 성과 신분에서 자유로운 삶에 대한 염원과 당대 사회의 모순에 대한 비판이 잘 해체되어 읽혀진다.

더불어 하디의 시 읽기에서도 당시에 전능했고 절대적인 신의 권능이 그리도 나약하게 추락해 가는 무능한 신의 모습인 것처럼 느껴지고 그래서 필자는 이를 내재의지Immanent Will, 즉 신의 하위주체 양상으로 보게 되었다.

이러한 맥락으로 하위주체 양상을 구체적으로 밝히게 될『서벌턴的 시각에서 토마스 하디의 소설과 시 다시 읽기』라는 제목으로 한권의 책을 내놓기에는 부실한 점이 많아 송구하다. 오랫동안 영문학을 공부해왔음에도 무언가 잡힐 듯 말듯 부족함이 더하여 가슴이 답답하였고 지적 갈증으로 인해 참으로 힘에 부치는 일이었지만 그래도 소중한 나의 의지를 담아 출간하기로 했다.

"서벌턴 이론"subaltern theory을 토마스 하디의 소설과 시에 적용해서 다시 읽어 보려는 필자의 시도는 너무나도 생소하게 들릴지도 모르는 전무한 읽기였음을 안다. 또한 어쩌면 후무한 읽기가 될지도 모를 일이다. 그러나 토마스 하디의 소설과 시를 이러한 서벌턴 이론을 적용하여 남다르게 새로운 시각으로 다시 읽어 보았다는 나름의 '읽기의 성취'를 깨닫게 하였고 새로운 '성취의 기쁨'을 이제 지금 맛보게 하였다. 적어도 필자의 학문의 방향에 길을 열어 그 길로 가려는 아주 중요하고 의미 있는 첫 걸음을 내 딛도록 가르쳐주고 있음에는 틀림이 없다.

한 작가의 문학 작품에 나타난 인물, 체제, 관습을 통해서 식민지배담론에 반대하는 역담론으로 필자와 같은 역발산의 시각에서 바라보며 함께 깊이 고민해 보고 논의해 볼 수 있는 읽기의 동학들이 있다면 더할 나위 없이 좋겠다. 그래서 그들과 더불어 새롭게 읽어 내려는 '읽기의 기쁨'을 맛보고 함께 참된 진리를 발견하며 공유하여 학문의 장을 넓혀 갈 수 있기를 희망해 본다. 이러한 순수한 바람이 본 서書의 집필 동기이자 전부이다.

제1장에서는 가야트리 스피박과 그녀가 주장하는 서벌턴 개념을 살펴보았고 토마스 하디의 삶과 문학세계를 개괄적으로 정리하였다. 제2장에서

는 하위주체 개념을 하디의 작품에 적용하여 읽어 보려는 필자의 핵심적인 의도를 언급하였다. 이러한 의도로 제3장에서는 『더버빌가家의 테스』의 여성 주인공 테스와 연관된 주변 인물들, 제4장에서는 『비운의 주드』의 남성 주인공 주드와 연관된 주변 인물들과의 얽혀 있는 남녀 사랑에 관한 이야기를 통해서 이들이 당대사회에서 어떻게 서벌턴的 모습으로 나타나며, 또한 제5장에서는 『시선집』의 시 15편에 나타나는 신의 이미지가 어떻게 서벌턴的 모습으로 나타나고 있는지 그 양상을 중심으로 읽어 보았다.

마지막으로 제6장에서는 지금까지 읽혔던 하위주체 양상이 우리에게 전하는 메시지가 무엇인지를 깊이 생각하며 마무리 지었다.

이렇게 새롭게 읽어 한권의 책으로 나오기까지는 그간 필자의 학문적 노력에 많은 도움을 주시고 배려해 주신 주변 여러분들의 정신적 응원이 있었기에 가능함을 말씀드리며, 이 책의 모태는 저의 박사 학위 논문이 전제되었음을 밝힌다.

애정을 가지고 저를 지도해주신 은사 교수님께 깊은 감사함을 드리며, 아울러 이 책을 출간하는데 물심양면으로 도움 주신 도서출판 동인의 이성모 사장님께 감사함을 드린다.

2013년 8월

사공 철

1

들어가기 앞서

대부분의 탈식민 이론가들은 제3세계에 대한 '인식-체제'를 해체하고 전복하려는 대항담론을 내세우고 있다. 이러한 대항담론 이론가로서 이른바 "탈식민 담론 삼총사"라 일컫는 사이드, 스피박, 바바의 논지를 면밀하고 객관적으로 분석해야 하나 여기서는 본 서를 읽기에 도움을 주기 위하여 성·계급·인종이라는 주체성 형성의 핵심요소들을 민감하게 읽어 내려간 스피박과 그녀가 주장하는 서벌턴 개념을 중심으로 제한하여 살펴보고자 한다.

스피박Gayatri Chakravorty Spivak은 인도 출신으로 미국 뉴욕에서 활동하고 있는 21세기 진보 지식인으로서 목소리를 잃어버린 이들의 목소리를 되찾아주는데 자신의 학문적 역량을 쏟고 있는 학자이다. 그녀에 따르면 서구 이론은 물론 지식인이 생산해 내고 있는 담론까지도 정작 인도의 하위주체를 제대로 대변해 주지 못하고 있을 뿐만 아니라 공론장에서 발언권을 획득하지 못한 사회 하위계층들의 입장을 재현할 수 없는 한계를 본질적으로 지니고 있다고 주장한다. 이는 소외된 이들의 입장을 대변하려고 노력하는 이론에 있어서도 마찬가지이다. 제1세계 페미니스트들은 여성의 입장을 대변한다고 자처하며 전 세계 여성과 자매관계가 가능하다고 주장하지만 스피박은 이런 주장을 단호하게 비판한다. 크리스테바Julia Kristeva와 같은 페미니스트조차 비서구 여성들을 연구할 때 서구인으로서의 입장에서 벗어나지 못했다고 스피박은 주장한다. 나아가 서구의 식민주의에 맞서 반식민주의 운동을 벌인 인도의 지식인들까지도 실제로는 여성이나 시골 농민과 같은 하위 주체들의 입장을 대변해 내지 못했다고 비판한다. 그들 또한 서구에 비할 때에는 억압적이고 폭력관계에 저항했음에도 전혀 사회적으로 거론되지 못한 열등한 객체에 불과했다.

"인도 독립 투쟁기간 동안 간디가 이끈 저항정책 '사티아그라하'는 시골 농민이나 여성을 포함한 서벌턴 집단의 정치적 지지를 동원하기 위해 민족주의 담론에서 사용하는 '어머니 인도'의 은유를 공공연히 확장했다. 그러나 이렇게 동원된 여성들은 인도 독립 후에도 모성과 가정생활이라는 전통적인 젠더화 된 담론에서 해방되지 못했다. 공식 역사에서 누락되고 민족독립의 이익을 거의 나눠 갖지 못한 이들 서벌턴 여성의 삶은 서구의 사회 변화 모델로는 결코 온전하게 재현될 수 없다"(모튼 22).

인도 여성들은 인도 독립운동 과정에서 주체로 성립되는 듯 했지만, 정작 독립이 완수된 이후에는 철저하게 외면당하고 말았다. 그들은 끊임없이 자신의 이야기를 해왔지만 결국 사회적으로는 아무도 그 이야기를 듣지 않았던 것이다.

이쯤에서 하위주체, 즉 스피박이 말하는 "서벌턴은 누구이며 무엇을 의미하는가?"를 말하고자 한다. 원래 서벌턴이라는 용어를 처음 만든 사람은

서벌턴的 시각에서 **토마스 하디의 소설과 시 다시 읽기**

그람시Antonio Gramsci이다. 이탈리아의 맑시스트인 그람시는 『옥중 수고』에서 이 용어를 "패권을 장악하지 못한 집단이나 계급" 혹은 "하급자" 등의 의미로 사용하였다. 그람시는 특히 이탈리아 남부의 일관된 정치적 정체성이 결여된 시골 농민 집단을 지칭하기 위해 서벌턴이라는 용어를 사용하였다. 그람시의 이런 생각을 더욱 발전시킨 인도의 서벌턴 연구 집단 역사학자들은 서벌턴을 "계급, 카스트, 나이, 젠더, 직위 혹은 다른 어떤 방식으로 표현되든지 간에 남아시아 사회에서 나타나는 종속의 일반적인 특성"(모튼 24)으로 정의하고 있다.

스피박은 서벌턴 연구 집단의 이러한 시각에 대체로 동의하면서도 서벌턴 개념이 여전히 진정한 하위주체들의 목소리를 담아내고 있지 못하고 오히려 남성 서벌턴 주체를 특권화하고 있다는 점을 지적하고 있다. 이런 모습을 보면서 스피박은 "서벌턴이란 말할 수 없는 자들"이라고 이야기 한다.

"'서벌턴은 말할 수 없다'는 말은 서벌턴이 죽을 힘을 다해 말하려고 해도 그 사람들에게 자신의 목소리를 듣게 할 수 없음을 의미한다"(모튼 127). 서벌턴이 말할 수 없는 이유는 아무리 그들이 말한다 할지라도 그 목소리가 곧 담론 아래에 묻히게 되기 때문이다.

이처럼 서벌턴이 말한다 할지라도 그 말은 그 사회의 해설자라는 거대 타자의 관점과 언어에 의해 희석되고 왜곡되어 지워지게 된다는 게 스피박의 생각이다.

서벌탄이 말할 수 없다는 것은 인도의 오랜 관습인 사티Sati를 둘러싼 논쟁을 통해서도 볼 수 있다. 사티란 여성이 죽은 남편을 따라 화장 더미에

올라가 스스로 목숨을 끊은 '과부희생제'라는 관습의 명칭이다. 인도에서는 전통적으로 사티를 매우 성스러운 행위로 인식하고 있던 반면 영국인들은 이를 야만적인 살인 행위로 간주하였다.

그래서 영국인들은 여성의 생명과 인권을 보호한다는 명목 하에 사티를 금지하려 하였다. 결국 여성의 생명을 두고 영국과 인도의 권력자들이 자신들의 이데올로기를 관철시키고자 하는 과정에서 당사자인 여성의 생각은 전혀 드러내지 않게 되었다. 서벌턴으로서의 여성은 침묵을 강요받은 것이다.

"힌두교 텍스트에서든 영국의 텍스트이든 과부 희생의 논의와 관련된 여성의 목소리와 정치적 행위성은 공식적인 역사담론과 정치적인 재현에서 철저히 억압된 것이었다"(모튼 122). 여성의 목소리가 지워진 상태에서는 여성이 주체로 설 수 있는 가능성은 원천적으로 봉쇄되고 만다.

"가부장적인 주체 구성과 제국주의적인 대상 구성 사이에서 여성은 삭제되어 버린다. 사티를 통해 스피박은 여성의 행위성이 어떻게 구성되는 가에 일단 주목한다. . . . 여성의 몸을 둘러싸고 제국주의/가부장제, 봉건전통/근대, 휴머니즘적인 기독교/야만적인 힌두교, 신사인 영국/잔인한 인도 등 제국, 국가, 인종, 민족, 종교, 젠더가 충돌하는 장에서 여성이 행위주체가 될 가능성(자율적인 결단)은 처음부터 봉쇄되어 버린다"(임옥희 140).

그래서 스피박은 지식인이 하위주체들을 대변할 수 없음을 깨달아야 한다고 주장한다. 하지만 그렇다고 스피박은 아예 주체의 죽음이나 탈주체화를 주장하는 것은 아니다.

"스피박은 폴 드 만Paul de Mann, 자크 데리다Jacques Derrida 등의 해체론에 많은 영향을 받았지만 주체의 죽음 혹은 탈중심화 된 주체를 무비판적으로 수용한 적이 없다"(임옥희 20)에서 알 수 있다.

한 번도 주체로 서 보지 못한 하층주체들에게 필요한 것은 오히려 주체의 형성이다. 과부희생제도 속의 여성과 같이 '억압', '희생' 당하며 종속적인 위치에서 발언권을 갖지 못했던 그들로 하여금 자기 목소리를 내게 하는 것, 즉 '그들로 하여금 말하도록 하는 것'. 바로 이것이 스피박이 주장하는 서벌턴이 아닌가 한다.

토마스 하디는 1840년 6월 2일 영국 남서부 도셋Dorset 주의 도체스터 Dorchester 부근에 있는 하이어 복햄턴Higher Bockhampton이라는 가난한 마을에서 4남매 중 장남으로 태어났다. 그가 태어난 도셋 지방은 지역적으로 외부와 고립되어 있어서 근대화의 물결이 늦어 옛날 시골풍의 전통과 풍습이 그대로 남아 있었다.

하디는 석수 겸 건축업자인 부친의 직업을 이어받기 위해 열여섯 살까지 고향에서 건축가의 도제가 되어 건축업을 배웠다. 스무 살이 되자 런던으로 가시 당시 유명한 건축가였던 블럼필드Arthur Blomfield에게서 5년간 건축 기술을 배우고 그 후에도 6년간 건축업에 종사하면서 당시에 한창 붐이 일고 있던 교회 재건축 사업에 참여하기도 하였다. 첫째 부인 에마Emma도 건축 일을 하러 갔다가 교회에서 만난 여인이다.

하디는 일찍부터 문학적 열정을 가지고 있었기에 공식적인 교육을 그다지 많이 받지 못했음에도 불구하고 독학으로 그리스어와 라틴어 공부는 물론 고전과 영문학 작품을 읽으면서 꾸준히 예술적 소양을 쌓아 나갔다. 소년 시절부터 이웃에 사는 시인 반스William Barnes와 함께 공부를 했으며 성경, 셰익스피어, 그리고 에우리피데스, 호라티우스, 루크레티우스 등의 많은 고전 작가들에게 몰두하여 그들의 작품을 탐독했다. 또한 다윈Charles Darwin의 『종의 기원』The Origin of Species(1859)을 숭배하였으며 30대 후반부터는 아널드, 칼라일, 밀, 스펜서, 콩트와 같은 사상가들의 작품을 읽고 후에는 쇼펜하우어와 하르트만 등을 만나기도 하였다. 이렇듯 하디는 소설가로서 오토다이덱트autodidact라는 독특한 이력을 가지고 있다.

하디는 건축과 문학을 종합해서 예술 비평가가 되고자 결심하기도 했다. 그러나 지나친 독서로 건강을 해쳐 고향으로 돌아가 요양을 하면서 이전부터 써오던 시작詩作으로서는 생계를 꾸려 나가기가 어렵다는 것을 알고 소설을 쓰기로 결심했다.

그 후 하디는 소설 『궁여지책』Desperate Remedies(1871)과 『푸른 숲 나무 아래』Under the Greenwood Tree(1872)를 써서 출판사에 보냈지만 거절당했다. 이후 처음으로 자신의 이름으로 『파란 눈동자』A Pair of Blue Eyes(1873)와 『속된 무리를 떠나서』Far from the Madding Crowd(1874)를 잡지에 연재하기 시작했다. 계속해서 『에설버타의 손』The Hand of Ethelberta(1876), 『토박이의 귀향』The Return of the Native(1878), 『얼간이』A Laodicean(1881), 『탑 위의 두 사람』Two on a Tower(1882), 『캐스터브리지의 시장』The Mayor of Casterbridge(1886), 『숲속의 사람들』The Woodlanders(1887), 『가장 사랑하는 여인』The Well-Beloved(1892) 등을 출간하며 마침내 소설가로서 명성을 날리게 된다. 이로써 하디는 시골

별장과 런던에 저택을 마련할 정도로 부유해졌으며 유명한 런던 사교계에 드나들며 매슈 아놀드Matthew Arnold나 로버트 브라우닝Robert Browning과 저녁을 함께할 만큼 성공적이고 존경받는 작가가 되었다.

그러나 1890년대가 끝나갈 무렵 하디는 도시생활에 지쳐 이런 생활을 정리하고 고향인 도체스터 근교에서 자신의 건축 기술을 살려 맥스 게이트Max Gate라는 이름의 저택을 지어 그곳에서 주로 은둔의 삶을 살았다. 이 집은 지금은 국가 소유가 되어 하디를 사랑하는 많은 독자들이 즐겨 찾는 '하디 기념관'이 되었다.

하디는 자기의 마지막 두 편의 소설 『더버빌가家의 테스』*Tess of the D'Urbervilles*(1891)와 『비운의 주드』*Jude the Obscure*(1896)가 세상 사람들의 신랄한 비평을 받자 크게 낙담하게 되었다. 악평에 유난히 민감했던 하디는 비평가들이 자신의 문학작품을 근시안적으로 얕잡아 보는 것에 반박을 하기도 하였지만 이후 소설 쓰기를 단념하게 된다. 『비운의 주드』는 어떤 점에서는 하디 자신의 자전적 이야기라고 볼 수 있고, <Jude>라는 제목의 영화로 만들어지기도 했다.

하디는 『더버빌가家의 테스』를 비롯한 대표작의 배경을 당시 영국 농촌 중에서도 낙후된 고장의 하나였지만 대부분 자기가 태어난 도셋 지방으로 설정하였다. 하디는 소설 속에서 이 고장을 옛날 이 지방에 세워졌던 앵글로 색슨 왕조의 이름을 따서 웨섹스Wessex라고 칭하였고, 그래서 그의 대표작들은 '웨섹스 소설'Wessex Novels이라고 불린다.

이제 살펴보아야 할 하디 소설의 의의를 크게 네 가지로 정리해 보고자

서벌턴的 시각에서 **토마스 하디의 소설과 시 다시 읽기**

한다.

무엇보다도 하디 소설은 영국 농촌 소설의 한 정점을 이룬다. 도셋의 농촌은 도시로의 인구 유출과 함께 전통적 농촌의 몰락과 붕괴를 겪고 있는 중이었다. 그는 농촌 공동체의 풍습과 전통에 뿌리박은 토박이로서 그 엄청난 변화의 과정을 자신의 소설 속에 생생하게 그려내고자 했다. 하디에 앞서 엘리어트George Eliot의 소설에서도 농촌 소설의 분위기를 느낄 수 있지만, 영국 소설사에서 진정한 의미의 농촌 소설은 하디의 소설에 와서야 만날 수 있다. 진짜배기 농사꾼 혹은 농업 노동자들이 등장하면서, 이들의 삶을 실제 생활 그대로 그리는 농촌 소설이 등장한 것은 하디 소설이 처음이었던 것이다. 더욱이 테스Tess와 주드Jude를 비롯한 평민 계층의 남녀 인물이 당당히 소설 속의 주인공으로 등장하는 것은 영국 소설사에서 대단히 의미심장한 변화라고 할 수 있다.

농촌소설로서의 입장과 관련해서 하디의 소설을 종종 목가적pastoral이라고 비판하는 사람들이 있었다. 우리말로 전원주의 혹은 목가주의pastoralism로 옮길 수 있을 것이다. 예컨대 '흙과 더불어 사는 농민들의 순박한 삶'이라거나 '고래古來의 농촌 문명의 마지막 목소리' 등의 어구들이 하디 소설의 전부인 양 강조되기도 하였다. 실제로 *Tess*같은 작품만 보더라도 사투리 같은 게 많이 들어 있어서 대화체 같은 경우에 사전 없이 읽기는 쉽지가 않다. 하디의 주요 등장인물들이 보여 주는 자연친화적 성향이나 초기 소설에서의 목가적 분위기가 이런 평가의 빌미를 제공하였던 것도 사실이다.

하지만 20세기 후반에 들면서 이런 경향의 비평은 거의 불식된 편이고 있는 그대로의 사실주의적 농촌 묘사가 하디 소설의 정수로 인식되었다. 물론 사실주의적 묘사가 문학적 성취를 보장해 주는 것은 아니지만 이런 성과는 영국소설사 전체로 살펴볼 때 뜻 깊은 성과였다. 전통적인 농촌 공동체의 해체, 이에 따른 이농현상, 도시빈민으로 몰락하는 농업 노동자들의 모습 등 급격한 변화의 흐름에 휩쓸려 해체와 재편에 휩싸인 농촌 사회의 모습, 힘겨운 노동 현장으로써의 농촌이 하디 소설에 그대로 그려졌던 것이다. 하디의 소설은 한 시대의 전형적인 모습과 변화에 대한 재현으로 부족함이 없다고 할 수 있다.

요컨대 하디 소설의 주인공들은 목가적 전원이 아니라 19세기 농촌사회라는 구체적인 현실 속에서, 전통적인 가치를 그대로 따를 수도 없고 새로운 변화의 물결을 그냥 수용할 수만도 없는 어려운 여건 속에서 가치관의 갈등을 겪으면서 고민하는 모습을 보여 준다. 비평가 레이먼드 윌리엄즈 Raymond Williams는 이와 같은 하디 특유의 세계를 '접경지대'the border country 란 이름으로 나타내고 있다. 하디의 의식은 기독교를 비롯한 전통적인 가치, 혹은 농촌의 전통적인 풍습과 문화, 따뜻한 인간관계의 소멸을 아쉬워하면서도 다른 한편으로는 변화의 물결, 세기말적인 의식의 혼란 등을 필연적인 변화과정으로 인식하고 수용하는 자세를 보여줌으로써 작금의 농촌의 현실에 대해 의미 있는 시사를 줄 수 있으며, 아울러 충분한 현재성을 지닌다고 할 수 있다. 여기서 '접경지대'라고 윌리엄즈가 표현했던 것은 또 다르게 표현해 보자면 관습이 그대로 살아 있는 관습적인 사회, 그렇지만 그 속에서도 교육을 통해서 사람들의 의식과 세계관이 바뀌어가는 '관습과 교육의 접경지대', '노동과 사고 사이의 접경지대' 혹은 '땅에 대한 사랑과 변화의 경험, 사회의 접경지대' 등으로 볼 수 있을 것이다.

또 하나 당대 농촌의 삶의 양식들과 관련해서 알아 두어야 할 단어가 '중간계층'the intermediate class이란 단어이다. 실제로 하디가 속했던 계층은 아주 농업 노동자로 전락한 밑바닥 인생도 아니고 그렇다고 지주 계층도 아닌 그 중간에 있는 옛날부터 내려온 중간에 애매하게 끼어 있는 계층이다. 즉 그 마을에서 오랫동안 살아오면서 전통을 그대로 담고 가는 사람들이란 뜻이다. 하디는 그런 사람들이 마을에서 점점 사라져 가는 것을 아쉬워했고 그런 사람들의 삶의 변화를 통해서 이 농촌 사회의 변화를 살펴보았던 것이다.

하디 소설에서 두 번째로 기억해야 될 측면이 페미니스트Feminist, 즉 여성론적 측면에서의 접근이다. 요즘 많은 비평가들이 이 관점에서 접근을 하고 있는데 실제 많은 하디 작품의 상당수의 주인공들이 *Tess*에서는 테스Tess, 또 *Jude*에서도 수Sue라는 독특한 여성 주인공이 나오는데 여성론적 측면에서도 하디의 소설은 굉장한 의의를 지니고 있다. 당대 농촌사회에서 노동자로서 여성이 어떻게 살아야 될 것인지, *Jude*에 나오는 수같은 여성은 세례를 받은 근대적인 여성이다. 이런 여성이 전통적인 사고와 충돌을 했을 때 어떤 변모된 모습을 보이는가 하는 당대 여성들의 고민이 하디 소설에 많이 녹아 있어 여성론적 담론도 특히 주목해야 할 것이다.

세 번째로 기억해야 될 하디 소설의 의의는 비극적 세계관이라고 할 수 있겠다. 우리가 흔히 하디 소설을 염세주의pessimism라고 하는 것도 이것과 관련이 되는데 농촌 소설의 의의 가운데서도 결국 중요한 것은 인간과 자연이라 하겠다. 그 변화의 소용돌이에 휩쓸린 인간들의 힘겨운 도전, 그들의 얄궂은 운명을 목격하는 가운데서 즐거움 혹은 의의가 드러나는데 알렉Alec과의 어두운 경험에서 벗어나서 주체적 자아로 성숙해 가는 테스의 인생 역정이나, 크라이스트민스터Christminster를 향한 주드의 거의 병적인 집념은 변화의 소용돌이 속에서 참다운 인간적 실현을 이룩하기가 얼마나 힘겨운지를 보여준다. 그래서 하디 주인공들의 좌절과 실패를 염세주의, 비관주의로 규정하는 경향은 상존해 왔고 거기에는 일말의 진실이 있다. 하디 비평과 관련해서 '하디 데드락'Hardy Deadlock, 즉 '하디적 난경'으로 어디에도 꼼짝달싹 못하는 상태를 가리키는 말이다. 하디의 주인공들이 거의 어김없이 결혼에 실패한다. 전부 파멸적 결말을 볼 수 있다. 이렇게 하디의 비관주의, 염세주의가 발현을 한 것이다. 우주적 질서의 부조리로까지 확대해서 얘기를 하는 것인데, 그래서 하디의 소설을 자연주의naturalism 소설로 분류를 하기도 한다. 염세주의가 순수하게 인간에 대한 혐오 혹은 깊은 절망이라고 단정을 한다면 하디는 진정한 염세주의자라고 할 수 없다. 이 주인공들의 좌절과 실패, 그리고 죽음은 그것으로 종결되는 것이 아니라, 패배에도 불구하고 눈부시게 드러나는 하디 주인공들의 인간적 의지와 열정, 죽음을 뚫고 되살아나는 인간적 승리가 감동을 주기 때문이다. 그런 점에서 이 주인공들의 힘겨운 추구와 좌절은 단순히 염세주의나 비관주의로 보기보다는 거의 고전적인 비극tragedy의 차원에 값한다.

또한 하디 소설은 비극의 현대적 재현 가능성을 모색하는 출발점이 되기도 한다. 고전 비극에서 현대 비극으로 넘어 오는 중간 지점 정도로 이해를 할 수 있겠다.

　이제 마지막으로 살펴보아야 할 하디 소설의 의의로써 사회적 비판의 역할이다. 18세기 초 소설이 주요한 장르로 등장하면서 사회에 대한 사회비평social criticism이라고 하는 중요한 역할을 해왔다. 하디 소설도 영국소설의 전통을 그대로 계승하면서도 주인공들의 도전과 실패를 통해서 당대 사회의 도덕과 질서에 대한 비판적 인식이 고스란히 드러나기 때문이다. 그의 주인공들은 때로는 박애주의적 이상을 지니기도 하고, 때로는 강렬한 세속적 성공의 열망을 소유하기도 하나 대부분 현실의 벽에 부딪혀 인간적 성취를 이루지 못하는 것으로 나타난다. 그리고 좌절과 실패의 과정에서 *Tess*에서 드러나는 편협한 기독교 교리와 신앙행태, *Jude*에서 드러나는 당대의 평등하지 못한 교육제도와 인간다운 삶의 실현을 방해하는 이혼법 등, 폐쇄적이고 억압적인 사회제도 전반에 대한 사회 비판이 이루어진다. 발생기 이래의 소설 장르의 중요한 역할 중의 하나였던 사회 비판의 기능이 하디의 소설에서도 여전히 유지되고 있는 것이다. 그렇기 때문에 *Tess*나 *Jude*의 경우에서 보듯이 그의 작품은 비도덕적이고 반종교적이라는 보수주의자들의 비판에 직면하기도 하였다. 그래서 어떤 신부는 하디의 소설을 읽다가 이런 부도덕한 소설이 있느냐며 난로에 넌져 넣었다는 에피소드도 있다고 한다. 그래서 그런 보수주의자들의 비판 혹은 편견을 도저히 견디다 못해서 하디가 아예 공공연하게 *Jude*라는 작품을 쓰고는 이제 '나는 더 이상 소설 작품을 쓸 수 없다'고 절필 선언을 하고 그 이후로는 시를 쓰기 시작한다. 실제로 하디는 소설가로서 못지않게 시인으로서도 많은 업적을 남긴다.

1898년 출간된 그의 첫 시집 「웨섹스 시편과 기타 시편들」Wessex Poems and Other Verses를 비롯해서 서사시 「제왕들」The Dynasts, 이후 「시간의 노리개와 기타 시편들」Time's Laughingstocks and Other Verses, 「상황의 풍자」Satires of Circumstance, 「환영의 순간」Moments of Version, 「후기 서정시와 그 이전의 기타 시편들」Late Lyrics and Earlier and with Many Other Verses, 「인간의 모습들, 먼 환상들, 노래와 하찮은 것들」Human Shows, Far Phantasies, Song and Trifles, 「다양한 분위기와 운율로 쓴 겨울의 언어」Winter Words in Various Moods and Meters 등의 방대한 양의 시를 출간했다.

그러나 아내 에마가 갑자기 죽자, 하디는 커다란 충격을 받았을 뿐만 아니라 회한에 빠져 그녀를 그리워하게 된다. 에마의 돌연한 죽음은 하디가 늙은 나이에도 고뇌스럽고 뜨거운 시혼詩魂의 연애시를 쓸 수 있게 하는 원동력이 된다. 아내의 죽음을 계기로 하디는 시 창작의 르네상스를 맞이하게 되는데 이에 하인즈Samuel Hynes는 1910-20년간의 기간을 하디가 "가장 많은 작품을 쓴 10년"이라고 부른다. 하디의 가장 뛰어난 시의 대부분이 에마의 사후 10년 남짓 기간에 집중하고 있음은 사실이다. '옛 불꽃의 흔적'Veteris vestingia flammae으로 일컫는 「1912-20년의 시」"Poems of 1912–13"가 말해 주듯이 하디는 그녀가 죽고 난 뒤 2년 동안 어느 때보다도 가장 감동적이고 직접적인 사랑의 시를 샘솟듯이 창작한다. 죽은 아내를 애도하는 이들 시편 중에 「길을 떠나며」"The Going"에는 어이 없이 떠나버린 부인에 대한 시인의 애절한 심경이 있고 「목소리」"The Voice"에는 들려오는 부인의 목소

서벌턴的 시각에서 **토마스 하디의 소설과 시 다시 읽기**

리에 귀를 기울이지 않을 수 없는 홀로 남은 남자의 고뇌가 있다. 「여행 후」 "After a Journey"에서 소리 없이 부인을 찾아 여기에 왔건만 젊은 날의 사랑을 되찾을 수 없는 비통함이 있다. 마지막으로 「보터럴 성」 "At Castle Boteral"에서 시인은 슬픔을 넘어 옛 사랑의 추억 속에서 꿋꿋이 살아남으려 한다.

그리고 그는 '한 순간을 채우는 것에 지나지 않았다'고는 하지만 어떤 것과도 바꾸기 어려웠던 그 옛날의 환영과의 교류에서 유일한 위안을 보듬으려고 한다. 이처럼 에마의 이미지는 바로 그가 천착하고 있는 영원한 사랑을 시로서 명확하게 대변하고 있는 것이라 할 것이다. 하디의 시에는 부인 에마에 대한 환영 외에도 소년 시절의 친구들과 간직했던 많은 추억이 시 창작의 원천이 되었다.

하디는 항상 정념의 고갈을 모르는 영원한 문학청년이었고 그의 문학의 주제는 소설에서나 시에서나 '삶에 대한 사랑'이라고 총칭할 수 있지 않을 까 한다.

하디는 뒤 늦은 74세의 나이에 자기의 저택을 관리하고 자기를 돕던 비서이자 아동 문학가였던 플로렌스 에밀리 더그데일과 재혼을 했다.

말년의 하디는 생존한 영국 작가들 중 최고로 널리 칭송을 받았다. 그는 로렌스Lawrence, D. H. 울프Woolf, Virginia로부터 찬사를 받았으며 왕실루부터 공로 훈장을 받았고, 도체스터의 명예시민이 되었으며 영국문학협회로부터 생일 축하 기념의 금메달을 받았고, 게임브리지 대학으로부터 명예박사 학위를 받기도 했다.

하디는 60여 년간 작품 활동을 했는데 전반 30년은 소설에서 걸작을 비롯해 모두 10여 편의 장편을 남겼고, 후반 30년은 시에서 1000여 편의 주옥같은 시를 남겼다. 하디는 시인으로 시작해 소설가를 거쳐 다시 시인으로 문학 인생을 살면서 1928년 1월 11일 88세의 나이에 세상을 마감하였다.

2

서론

문학 작품을 탈식민 담론으로 읽어 내려는 창조적 독술 행위야말로 21세기 문화 담론 과제 중의 하나이다. 한 작가의 일생에 걸친 작품에 나타난 당대의 젠더, 종교, 인습, 제도 등을 탈식민 시각에서 바라보며 이를 탈식민 담론으로 담아보려는 학문적 시도가 진행되고 있다. 지금 탈脫 시대에 살고 있기에 이에 걸 맞는 새로운 탈식민 주체 개념을 생산해 내려는 논의 또한 계속적으로 있어왔다.

탈식민 담론으로 문학 작품을 보는 새로운 시각을 토마스 하디의 소설과 시에 적용하여 새롭게 해석할 수 있다고 본다. 그렇지만 탈식민주의 이론을 수용한 최근의 연구들은 하디의 소설과 시를 탈식민 담론의 적용 대상으로 삼고 있지 않았을 뿐만 아니라 하디의 작품 전반을 탈식민주의라는 문제의식에 의해 살펴본 기존 연구가 거의 없다는 사실에서 무거운 한계가 있다. 이러한 한계에도 불구하고 하디 작품에 대한 새로운 접근 방법을 제시해 보기 위하여 탈식민 연구자들이 주장하는 기존의 인식과 체계를 '해체'하고 중심에서 배제되거나 '주변화'되어 '변두리'에서 "억압받는 주체"Spivak 1994, 81로서의 하위주체 개념을 하디의 작품에 적용해 보는 것이 본 서書의 핵심적인 논지이다.

하디의 소설에 대한 최근 탈식민적 관점에서 활발하게 연구하고 있는 경향이다. "첫째로는 미셸Juliet Michell의 관점인데 그녀는 여성의 정체성이 문화에 의해 결정된다고 보았으며 섹슈얼리티가 빅토리아조 작품들 속에 녹아들어 어떻게 작용하고 형성되는지에 역점을 두고 있다(377-416). 둘째로는 부멜라Penny Boumelha의 관점으로 그녀는 성 이데올로기와 자본주의 가부장제 사회의 결혼관과 연계시켜 빅토리아조 여성의 억압구조, 계급과 젠더의 상호 관계를 인식하여 하디의 여성관과 빅토리아조의 성차별의 사회문제를 제기했다(4-8). 셋째로는 잉거햄Patricia Ingham의 '여성다운 여성과 타락한 여성에 대한 기호가 어떻게 사회화 되어 가는'(26)가에 대한 기호론적 접근 방식으로 성 이데올로기는 여성이라는 기호로 대치됨으로써 여성의 다양성을 강조 한다"(김미경 3-4 참조)는 관점이다. 최근에는 여성성의 억압구조와 더불어 남성성의 억압구조와도 결부시켜, 젠더의 상호 관계 속에서 성적 인식 등을 분석하고 있는 사례도 점차 나타나고 있다.

한편 시에서는, 빅토리아 조의 사람들은 새로운 과학 기술의 발전과 급진적 사상의 보급으로 전지전능한 신에 대한 깊은 회의를 느끼면서 신의 존재가 지상으로 끌어내려져 있다는 점에서 신神의 하위주체로 분석된다고 보아진다.

하위주체에 대한 분석은 빅토리아 당대 기성 사회의 질서와 가치 등의 억압 속에서 거듭되는 좌절을 통하여 진정한 자아를 깨달아가는 과정으로 볼 수 있다. 자아의 깨달음이 자아의식 분열에서 기인한다고 주장한 퍼킨스 David Perkins는 하디의 작품을 "분열된 자아의 극화"(1976, 145)라 부른다. 김성곤은 하디의 분열된 자아의식의 표출은 "첫째로 그동안 절대적인 존재로 군림해 온 기존의 체제와 가치관에 대한 근본적인 회의와 반성과 저항에서 비롯되며, 둘째로 하나의 획일적이고 절대적인 진리를 인정하는 대신 상대성 그리고 열린 태도를 추구한다. 셋째로 타자를 발견하고 이를 동일하게 인정하는 탈시대 정신을 반영한다"고 밝히고 있다.

본 서書에서 하위주체란 탈식민 담론가인 바바Homi Bhabha와 스피박 Gayatri Spivak이 "양가적"ambivalent "하위주체"subaltern subject를 설명하는데 서 사용된 용어이다. 하위란 '억압 받거나', '아래에 놓인' 의미를 지니고 있 다. 그러므로 하위주체란 어떤 일에 적극적으로 나서서 그 일을 주도해 나가 지 못하는 대상이나 집단이다. 다시 말하면 외부세계나 현실 등에 의지적으 로 인식하며 나아가지 못하는 의존적 주체라 할 수 있다.

하위주체에 관한 문제가 왜 하디 작품에서 주된 문제로 부각되는 가는 먼저 그의 시대적 상황과 환경적 상황에 따른 그의 문학적 입장을 고려 해 보면 알 수 있다. 하디가 살았던 당시의 빅토리아 시대Victorian Era는 다윈이 『종의 기원』을 발표한 이래 『진화론』Darwinism이 기독교와 사회 전반에 큰 영향을 미치게 되어 종래의 우주관과 인간관이 크게 변하게 되던 시대이다. 특히 기독교의 근간을 흔든 진화론은 자연과 인간을 포함하는 우주가 하나 의 유기체의 역할을 한다는 점에서 당시의 자연관과 세계관의 혁신뿐만 아 니라 사회사상에까지 지대한 영향을 주었다.

이와 같이 소설과 시, 사회 각 분야에 영향을 미친 진화론이 가장 큰 타 격을 준 것은 창조론이었다. 우주 만물이 신의 창조물이라는 기존의 신앙 체 계를 진화론은 완전히 부정하기 때문이었다. 이에 따라 태초부터 천지를 창 조하던 신의 존재와 지배자에 대한 인식이 진화되기 시작하였다. 우주에 속 한 인간의 운명과 존재가 새롭게 인식되면서 19세기 영국에 있어 기독교는 무신론이나 불가지론을 주장하는 합리주의의 도전을 받았다. 비종교적 가설 위에 다원화된 사회가 진행되고 있던 상태에서 창조론과 성경을 부정하는 진화론은 기독교를 흔들어 기존의 신앙체계를 변화시킬 뿐만 아니라 성경이 부여한 인간의 위상과 역할을 축소시켜 인간을 왜소하고 허무하며 무한한 소외감을 받는 존재로 전락시켰다.

이러한 시대적 영향 아래 하디의 문학은 크게 두 가지 특성을 보여준다. 첫째는 '비관적 운명관의 형성'이고 둘째는 '종교적 감수성의 갈등'이다. 이 점에서 셔우드G. W. Sherwood는 "하디가 염세주의라는 것은 모든 사람들의 마음속에 의문의 여지가 없지만 그의 염세주의의 원인에 관하여서는 많은 부분들에 있어 동조하지 않아 왔는데 결국 대부분의 비평가들이 동조한 것은 염세주의의 원인이 다윈의 『종의 기원』의 영향이었음"(23)을 밝히고 있다. 또한 하디의 사상에 대하여 오든W. H. Auden은 "쇼펜하우어의 염세주의나 스피노자의 결정론을 들면서 이로 인하여 기독교적 사상에 대한 불신과 과학적 사상의 동조 입장을 더욱 굳히게 되고 하디만의 비관적 운명관을 형성하는 계기가 된 것"(142)으로 본다.

비관적 운명관은 우리가 사는 이 세상은 불합리함과 슬픔으로 가득 차 있다고 여기며 행복이란 덧없는 것으로 단지 일시적인 감정일 뿐임을 의미한다. 하디는 인간의 생활을 지배하는 것은 우주에 내재한 의지Immanent Will라는 숙명론을 믿게 된다. 하디는 이러한 내재의지內在意志가 최고의 힘 또는 세계를 움직이는 위대한 힘으로 인과 법칙에 따라 무자비하게 작용하고 있다고 본다.

하디가 염세주의에 심취하여 비관적 운명관을 형성하는데 영향을 미친 것은 진화론과 내재의지뿐만은 아니다. 그의 환경적 요인에서도 살펴 볼 수 있다. 직접적인 작품의 배경으로 삼았던 웨섹스 지역은 영국의 전통적인 시골 농촌으로 산업화의 물결이 뒤늦게야 들이닥친 황량한 곳이었고, 전통과 과학, 농촌과 산업화의 물결이 접하는 곳이었다. 이런 환경적 요인과 더불어 비극적 죽음의 목격이 아직 감수성이 예민한 소년 하디에게 비관적 운명관의 형성에 영향을 미쳤을 것으로 많은 비평가들이 주장한다. 이런 점에서 밀게이트Michael Millgate는 하디를 "경멸의 의미로 염세적이며 병적인 생각을 지닌 사람을 뜻하는 철학가"(441)라 칭하였다.

한편 '종교적 감수성의 갈등'이 하디의 문학 작품에 드러난다. 그는 어린 시절 조언자, 교사, 그리고 친구이자 선배 고전학자인 모울Horse Moule이 지방 목사의 아들이었는데도 캠브리지에 있는 동안 정통 기독교에서 벗어난 행동을 하는 것을 목격했다. 후에 알 수 없는 이유로 모울이 자살한 것은 그의 신앙에 영향을 주었다. 하지만 더 결정적인 것은 앞에 언급한 진화론의 영향과 쇼펜하우어의 염세주의로 기독교 신앙을 버렸던 것으로 보인다. 그럼에도 하디는 그 자신을 정서적으로나 본능적으로 신앙인으로 생각했다. 기독교에 관한 하디의 입장을 하우Irving Howe는 『비운의 주드』Jude the Obscure의 소개 부분에서 "하디는 믿기를 소망하지만 그럴 수 없는 신앙을 버린 기독교인의 고뇌어린 후회를 하는 회의론자"(25)로 묘사하고 있다. 하디는 '비관적 운명관의 형성'과 '종교적 감수성의 갈등'이라는 양쪽 모두의 특성을 보여 줌으로써 "뒤늦게 나타난 매우 '반항적인 빅토리아 인'으로 또는 '과도기적인 인물'로 평하고 있다"(Perkins 145). 하디의 이러한 이중적인 경향은 기존의 가치관에 대한 근본적인 회의와 반성에서 비롯된다.

본 서書에서는 하디의 대표적인 작품인 『더버빌가家의 테스』 *Tess of the D'Urberilles*와 『비운의 주드』에서는 젠더 중심사회의 제도적 차별에 근거한 남녀 문제를 통해 여성과 남성 하위주체를 다룰 수 있다. 『시선집』 *Collected Poems of Thomas Hardy*(1930)에서는 신神 중심사회의 전통적 종교관에서 본 신과 인간중심에서 바라 본 신의 문제를 통해 하위주체 문제로 살펴보겠다.

하디의 소설 『더버빌가家의 테스』에 나타난 공동체적 삶의 영역은 당대의 배타적인 계급적 가치와 성 이데올로기, 종교, 결혼, 섹슈얼리티 그리고 젠더로 인한 폐쇄적인 사회에서 "여성은 항상 무력하고 착취 받으며 성적으로 억압받는 그룹으로 가설화 된다"(Mohanty 200). 여성은 '부재', '부정성', '열등성'으로 인한 '주변화 된 타자'로서 피식민적 존재이자 소외된 하위주체이다. 그렇지만 이와는 반대로 『비운의 주드』에서는 여성대신 남성이 억눌린 허약하고 무력한 하위주체가 된다.

하디의 『시선집』 15편의 시에서 기독교적인 입장에서의 신의 개념과 진화론의 영향을 받은 인간중심적 입장에서의 신의 개념에서 분석하였다. 누구보다도 인간의 삶의 고통, 슬픔, 좌절 등을 예민하게 느낀 하디는 인간에게 희망과 구원을 줄 수 있는 초월적인 기독교 신의 존재를 깊이 탐구한다. 그 과정에서 지나치게 침울한 감정으로 나름대로 자신만의 나약한 신을 그리면서 더욱 절망감을 갖게 된다. 특히 하디는 인간의 삶에 대한 무심한 신의 모습을 그려낸다. 초월적인 "신이 존재해 주길 바라면서도 동시에 자신만의 지각의 과정을 통해 신의 형상을 만들어가는"(Collins 24) 하위주체로서의 신의 모습을 보인다.

서벌턴的 시각에서 **토마스 하디의 소설과 시 다시 읽기**

하위주체의 양상의 측면에서 하디의 작품을 바바와 스피박의 탈식민 이론으로 살펴볼 필요가 있다. 바바는 인간을 자아와 타자로 분리하던 것을 자아의 타자성에 초점을 맞추는 '양가적 동일시'에 주목하여 "욕망의 분석을 통한 자기 정체화 과정을 이해"(Bhabha 117) 하는데 다음 세 가지 조건을 제시한다.

첫째 조건은 "자아가 존재하기 위해서는 타자와의 관계 속에서 정체화되어 간다"(Bhabha 117)는 것이다. 이것은 타자와의 역할 관계 속에서 항상 식민지적 상황이 생겨나며 식민계급과 피식민 계급의 역할의 반전은 어떠한 주체도 단독으로는 허용하지 않는 상호작용의 관계이다. 주체 간의 상호 관계를 통한 자아의 정체화 과정은 하디의 소설에 나타난 젠더의 문제에서 끊임없이 재현되어 있다. 둘째 조건은 "자기 정체화 과정이 일어나는 장소는 항상 요구와 욕망의 긴장에 사로잡힌 분열이 일어나는 공간"(Bhabha 117)이다. 바바는 이러한 공간을 "틈새 영역"in-between space이라 부르며 중요시 한다. 하디의 작품에 나타난 자아의 분열된 공간은 바로 이러한 틈새 공간이다. 셋째 조건은 "자기 정체성의 문제는 이미 주어진 기존의 정체성을 인정하는 문제도 아니고 자아실현의 예견도 아니다. 그것은 항상 정체성에 대한 이미지의 창출이며 그런 이미지를 생각할 때 일어나는 주체의 변형과 정체성의 상像의 소산물이라는 것"(Bhabha 117)이다.

스피박은 『하위주체는 과연 말할 수 있는가?』 Can the Subaltern Speak?라는 책 서문에서 하위주체 연구에 대한 주체 의식을 해체주의적인 관점에서 읽어낸다. 스피박은 하위주체 개념을 "생산위주의 자본주의 체제에서 중심을 자처하던 프로레타리아 계급을 포함하면서도 성, 계급, 인종, 문화적으로 주변부에 속하는 사람과 여성의 타자성을 의미한다"(1988, 271-313)고 하였다.

스피박은 첫째, 탈식민 담론의 주요 쟁점의 하나로 차이를 통해 하위주체는 양가적으로 재현될 수 있다고 본다. 이 주체는 가부장적 주체가 아닌 성과 계급, 인습을 포함한 다양한 차이를 인정하면서 전지구적이고 현대적 인식의 틀을 마련하는 책임 있는 하위주체가 된다. 둘째, 젠더의 문제는 남녀평등의 틀 속에서 계급의 틀과 연계시키는 자본주의 억압과 가부장제 억압으로부터 해방을 의미한다는 관점이다. 젠더의 평등과 차이의 개념은 성의 권리에 의해 새로이 정의되어야 하고 그것을 상호보완적인 방법으로 바라보아야 할 것이다. 이러한 시각은 기존의 기부장제의 편협성, 획일성을 극복하는 힘이 되기도 한다. 셋째, 탈식민 담론에서 중요하게 대두되는 또 하나의 개념은 바로 이중적 주체 개념이다. 그동안 남성/여성으로 고수하던 주체 개념은 이제는 인종, 젠더, 성에 따라 이중적이고 복합적으로 새로운 형태의 주체성을 생산하여 하위주체 개념을 현대적으로 사회적인 맥락에서 새롭게 정의해야 하는 것이다. 이런 바바와 스피박이 내세운 하위주체의 이론을 근거로 하디의 소설 『더버빌가家의 테스』의 여성 테스와, 『비운의 주드』의 남성 주드, 그리고 하디의 『시선집』에 수록 된 15편의 시의 신神에 관한 분석을 통해 당대의 사회에서 비가시화 되고 은폐된 하위주체의 양상을 살펴보고자 한다.

3

여성 서벌턴 '테스': 『더버빌가家의 테스』

기존의 남성 중심적 이데올로기와 산업 혁명으로 인한 자본주의적 가부장제가 궁극적으로 빅토리아 시대의 문화에 많은 영향을 끼쳤다. 특히 저교회, 고교회, 광교회파 교회들은 영국 국교를 중심으로 새로운 기독교 담론들을 내세우며 당대의 중산 계급 중심의 사회 유지를 위한 중요한 정신적 역할을 하게 되었다. 그 중 1830년대와 1840년대 후반에 일어난 뉴먼John Henry Newman의 옥스퍼드 운동Oxford Movement은 영국 국교의 전통적 입장을 부활시키며 성 담론에 관한 보수적인 이데올로기를 뚜렷하게 만들었다.

여성에 대해서는 성에 순결한 여인과 타락한 여인으로 양분화 하는 시각으로 보는 것이었다. 이에 여성의 성적 일탈은 타락한 여인이라는 점을 내세워 여성은 신체적이나 사회적인 위치 면에서 남성에 비해 더욱 열등한 존재임이 강조되면서 억압받는 하위주체가 될 수밖에 없었다.

기독교 문화에서 여성은 성적 유혹의 대상이 되어 "여성의 몸이 이상화 되거나 타락화 된 양극의 알레고리로 재현되며, 언제나 여성의 몸은 연인, 사회의 법들, 혹은 억압된 과거가 그 위에 각인되는 주체처럼 취급된다"(Bronfen 69, 장정희 146-147 재인용)고 하였다.

당대의 이러한 기독교 문화에 따른 성 담론은 중요한 가치관 중의 하나로서 성적으로 억압받는 여성 하위주체의 피지배 인식이 하디의 『더버빌가家의 테스』에 기하게 드러난다. 하디는 당대의 사회에서 왜곡된 여성의 부진과 불평등한 상황을 『더버빌가家의 테스』를 통해 깊이 성찰했으며 테스Tess라는 비극적 여 주인공에 적용되던 '순결'이라는 성 이데올로기의 억압과 가부장 문화적 억압에 맞서는 새로운 여성 주체성을 찾기 위해 노력하였다.

하디는 이러한 인식을 바탕으로 당대 사회의 인습을 지배하는 식민담론인 기독교 담론과 성 담론에 대해 여주인공 테스를 통해 당대의 어느 작가보다도 강렬하게 왜곡된 사회의 불합리한 이중적 성 윤리를 폭로하고자 하였다. 여성에게만 순결을 요구하는 도덕관이 테스를 얼마나 억압하는지를 보여주면서 여성을 남성들의 하위주체로만 보고 있는 당대 사회의 통념에 도전했다는 시도는 탈식민 여성 하위주체로서 성 정체성을 회복해 나간다는 시도와 맥을 같이 한다. 이러한 측면에서 테스라는 여성이 궁극적으로는 당대의 인습, 제도, 종교적 전통 등과 관련되면서 기독교/가부장제/중산 계급으로부터 어떻게 성적으로 억압받고 있는 하위주체로 나타나는지 갈등 국면을 추적해서 그 양상을 살펴보고자 한다.

『더버빌가家의 테스』는 순박한 시골 처녀 테스와 당대의 남성 중심적 담론 세계에서 성 이데올로기의 전형적인 남성성을 상징하는 알렉Alec과 남성 중심적 담론 세계에 대해 이의를 제기한 이상주의자인 에인젤Angel이라는 두 남성과의 삼각 사랑과 좌절에 관한 이야기를 통해서 여 주인공 테스가 겪어야했던 기독교 문화와, 성적 억압과 차별에 대한 고통과 고뇌를 겪는 하위주체로서의 비극적 운명과 상황을 전개한다.

테스는 두 남성 인물 신흥 부르조아 알렉과 이상적인 지식인인 에인절의 대비를 통해 이 두 인물의 여성의 성에 대한 상반된 편력과 편협성에 농락당하며 순결을 상실한 타락한 여성으로 파멸과 죽음에 이르는 하위주체 여성으로 그려진다. 테스는 순결이 강요되는 현실과 더불어 가중되는 경제적 압박으로 고통을 겪는다. 하지만 "세파에 물들지 않은 오직 순수한 감성

서벌턴的 시각에서 **토마스 하디의 소설과 시 다시 읽기**

만이 넘치는"(13) 모습으로 깊은 사고를 하는 성숙한 여인의 변모를 지속적으로 보여준다. 그녀가 다니는 여러 지역의 일터에서 보여주는 이러한 자세는 남성들의 성적 유희나 소유의 대상으로 억눌려 있는 타락한 여인의 모습이 아니라 오히려 이러한 굴레에서 벗어나려는 탈식민 하위주체로서의 모습을 보인다.

하디의 남성 인물들은 처녀성이라는 의미를 자기들만의 소유물로, 그리고 아무도 손대지 않은 이상적인 관념으로 본다. 실제로 에인젤은 테스를 "'달의 여신'Artemis, '풍요의 의신'Demeter 등의 여러 환상적인 이름으로 불렀다"(155). 테스는 말로트Marlott 마을의 "'클럽걷기'club walking라는 오후의 '5월 무도회'"May-Day Dance(10)에 빨간 색 리본을 머리에 달고 행렬속의 젊은 처녀로 나타난다.

> 행렬 속의 젊은 처녀 하나가 놀라며 자기의 고개를 돌렸다. 그녀는 예쁘고 잘 생긴 처녀였다. — 다른 사람들보다 더 예쁘다고는 할 수 없었지만 — 움직이는 작약 빛 입술과 크고 순수한 눈은 그녀의 피부색과 전체 모습을 더욱 두드러지게 하였다. 그녀는 빨간 색 리본을 머리에 달고 있었다. 흰옷을 입은 일행 중에서 그녀만 눈에 띄게 그런 장식을 달고 있었다.

> A young member of the band turned her head at the exclamation. She was a fine and handsome girl — not handsomer than some others, possibly — but her mobile peony mouth and large innocent eyes added eloquence to colour and shape. She wore a red ribbon in her hair, and was the only one of the white company who could boast of such a

pronounced adornment. (12)

테스는 "흰옷을 입은 일행 중에서" 남성의 시선을 한 눈에 끌 정도로 더욱 "정열적이고 순수하여 남자를 유혹하기에 충분한 이중적인 모습"(Carpenter 135)으로 돋보인다. "예쁘고 잘 생긴" 그녀의 외모는 호색가인 알렉의 유혹을 불러일으킴과 동시에 "테스가 장차 알렉의 성적인 힘에 의해 농락당하게 되는 상황이 올 것이라는 사실을 암시 한다"(Lucas 180, 김미경 43 재인용). 실제로 알렉은 테스를 몰락시키는 인물로 암시하기 위하여 "눈동자가 뱅뱅 도는 대담한 눈에는 이상야릇한 힘"을 지닌 자로 묘사된다.

키가 큰 청년으로 시가를 물고 있었다.

안색은 거무튀튀했고 불룩한 입술은 붉고 부드러웠으나 흉해 보였다. 그 입술 위로 잘-다듬어진 까만 콧수염이 있었으며 콧수염의 양쪽 끝은 꼬여서 위로 뻗어 있었다. 나이는 스물셋이나— 스물넷을 넘지 않아 보였지만, 그의 몸 전체에 야만적인 분위기가 깔려 있었고 신사다운 얼굴과 눈동자가 뱅뱅 도는 대담한 눈에는 이상야릇한 힘이 들어 있었다.

It was that of a tall young man, smoking.

He had an almost swarthy complexion, with full lips, badly moulded, though red and smooth, above which was a well-groomed black moustache with curled points, though his age could not be more than three — or four-and-twenty. Despite the touches of barbarism in his contours, there was a singular force in the gentleman's face, and

서벌턴的 시각에서 **토마스 하디의 소설과 시 다시 읽기**

in his bold rolling eye. (42)

버틀러Lance Butler는 시가를 물고, "까만 콧수염의 양쪽 끝은 꼬여서 위로 뻗어 있는" 음흉한 알렉을 "테스를 유혹하여 타락시키는 사탄"(100)이라고 지적한다. 알렉은 당대 가부장적인 자본주의 사회에서 신흥지주로 테스를 지배할 수 있는 위치에 있는 인물이다. 이는 테스가 계급차별 외에도 여성이라는 성차별이라는 이중의 불리한 사회 구조에서 알렉에게 이끌려 갈 수 밖에 없는 수동적인 모습을 시사한다.

"여기는 벌써 익었어요." 더버빌은 테스를 위해 딸기를 따기 시작했고, 몸을 구부린 채 딸기를 그녀에게 건네주었다. 그는 곧 '영국 여왕'이라는 특히 잘 익은 딸기를 골라 몸을 일으키더니 꼭지를 쥐고 그녀의 입술에 갖다 대었다.

"아니에요, 아니에요!" 그녀는 자신의 손가락으로 그의 손을 막으며 재빨리 말했다. "내손으로 먹을게요."

"말도 안돼요!" 그가 고집을 부렸다. 그녀는 약간 난처해하면서도 입을 벌려 딸기를 받아먹었다.

'They are already here.' D'Urberville began gathering specimens of the fruit for her, handling them back to her as he stooped; and, presently, selecting a specially fine product of the 'British Queen' variety, he stood up and held it by the stem to her mouth.

'No-no!' she said quickly, putting her fingers between his hand and her lips. 'I would rather take it in my own hand.'

'Nonsense!' he insisted; and in a slight distress she parted her lips and took it in. (44)

테스는 알렉이 주는 딸기를 아니라고 하면서도 입을 벌리며 받아먹게 된다. 알렉은 딸기 꼭지를 쥐고 테스의 입에 억지로 갖다 댄다. 이것은 육체적 욕망에 사로잡혀 있는 알렉 자신의 자제하지 못하는 성적 욕망의 능동적이며 직접적인 표현이다. 동시에 테스가 난처해하면서도 딸기를 받아먹는 것은 알렉의 성적 욕망을 허용하는 수동적이며 간접적인 상징이라 하겠다. 결과적으로 처음에 테스가 거절할 때의 모습은 오히려 알렉의 성욕을 자극하는 행동으로 작용하였고 '영국 여왕'이라는 잘 익은 딸기는 테스를 유혹하는 수단이 되었다. 알렉은 테스를 하나의 인격체가 아닌 성적인 소유물로 간주하고 희롱하는 모습이다.

이어지는 장면에서도 테스는 자신에게 장미꽃을 따 주며 호감을 보이는 알렉의 모습이 두렵고 또한 자기가 이런 사람의 집에 와 있다는 것이 불안했다. 그럼에도 불구하고 그가 하라는 대로 할 수밖에 없는 수동적인 하위 주체의 모습이 다음과 같이 적나라하게 드러난다.

두 사람은 딱히 하는 일 없이 한가롭게 시간을 보냈다. 그러는 동안 테스는 알렉이 권하는 딸기를 반은-즐겁게, 반은-내키지 않은 기분으로 모두 받아먹었다. 그녀가 더 이상 딸기를 먹을 수 없자 그는 딸기를 그녀의 작은 바구니에 담아 주었다. 그 다음 둘은 길을 돌아서 장미 나무가 있는 곳으로 갔다. 그가 장미꽃을 따 주면서 그녀의 가슴에 꽂으라고 했다. 그녀는 꿈꾸는 사람처럼 따라 했다. 더 이상 꽂을 수 없자 그는 직접 장미 봉오리 한두 개를 그녀의 모자에 꽂았다. 그리고는 그녀의 바구니에 후하게 선심 쓰듯 마구 다른 장미를 가득 담았다.

They had spent some time wandering desultorily thus, Tess eating in a half-pleased, half-reluctant state whatever d'Urberville offered her. When she could consume no more of the strawberries he filled her little basket with them; and then the two passed round to the rose trees, whence he gathered blossoms and gave her to put in her bosom. She obeyed like one in a dream, and when she could affix no more he himself tucked a bud or two into her hat, and heaped her basket with others in the prodigality of his bounty. (44)

테스가 실제 나이보다 더 성숙해 보이게 하는 풍만한 외모와 너무 순진한 성격은 알렉의 성욕을 자극시키기에 충분한 원인이 된다. 테스 자신은 이런 점이 문제가 될 거라는 막연한 의식으로 "시간이 지나면 치유될 성격의 결함"으로 받아들인다.

테스는 지금 그녀 자신에게 불리할 수도 있는 특성 중의 하나를 지니고 있었다. 바로 이점 때문에 알렉의 시선이 그녀에게서 떠날 줄을 몰랐다. 그것은 테스가 실제 나이보다 더 성숙해 보이게 하는 몸 전체의 풍만한 윤곽과 성숙하게 자란 키였다. 그녀는 어머니의 몸매를 빼닮은 편이었지

여성 서벌턴 '테스': 『더버빌가(家)의 테스』

만 어머니에 비해 너무 순진했다. 이 점은 이따금 그녀의 마음을 괴롭혔다. 그녀의 친구들은 그 점에 대하여 시간이 지나면 치유될 성격의 결함이라고 말했다.

She had an attribute which amounted to a disadvantage just now; and it was this that caused Alec d'Urberville's eyes to rivet themselves upon her. It was a luxuriance of aspect, a fulness of growth, which made her appear more of a woman than she really was. She had inherited the feature from her mother without the quality it denoted. It had troubled her mind occasionally, till her companions had said that it was a fault which time would cure. (45)

테스가 지닌 순수성은 여성을 성적인 욕망의 대상으로 보는 알렉에게 순결성을 상실하게 되는 원인 중 하나가 된다. 다시 말해 알렉이 그녀를 소유하고 싶어 하도록 하는 유혹의 원인이 된다. 그녀를 대하는 모든 남성들로 하여금 대등한 인격적인 주체가 아니라 성욕의 대상으로만 받아들여지는 피동적 주체가 되는 것이다. 이 점에서 크래머Dale Kramer는 테스의 비극적 운명을 테스가 지닌 성적인 매력으로부터 나오는 "성격의 비극"(136)이라고 지적한다. 또한 부멜라는 "자신의 성적 매력을 이용하려는 의도보다는, 테스의 성적 매력 자체가 너무 도발적이어서 비극적인 운명을 지니게 된다"(125)고 하여 하위주체로서의 비극적인 삶을 살 수밖에 없는 점을 인정하였다.
　방탕한 알렉은 테스가 가만히 있을 거라고 생각하면서 의기양양하게

서벌턴的 시각에서 **토마스** 하디의 소설과 시 다시 읽기

"정복의 키스"를 하며 자신의 육체적 욕망만 채우려 한다. 테스가 하위주체로서 유혹 당하고 있는 이러한 장면은 성적 억압과 차별을 다시 한 번 드러낸다.

> 알렉은 눈도 깜짝하지 않았다. 테스는 가만히 앉아 있었고, 그래서 더버빌은 의기양양하게 그녀의 뺨에다 정복의 키스를 하였다. 키스를 마치자마자 테스는 수치심으로 얼굴이 빨개졌다. 그녀는 손수건을 꺼내서 알렉의 입술이 닿은 뺨을 닦았다. 테스는 무의식중에 그렇게 하였으나 이는 알렉의 열기를 더 자극하는 결과만 불러왔다.

> He was inexorable, and she sat still, and d'Urberville gave her the kiss of mastery. No sooner had he done so than she flushed with shame, took out her handkerchief, and wiped the spot on her cheek that had been touched by his lips. His ardour was nettled at the sight, for the act on her part had been unconsciously done. (61)

테스는 알렉에게 단지 이브와 같은 성적 매력을 지닌 여인으로만 보인다. 알렉은 테스의 생각과 감정은 무시한 채 자신의 일방적 감정대로 행동한다. 이는 당대의 남성중심 사회에서 보여주는 성적 피해자와 유혹자의 일면을 보여주는 것이다. 남성 중심사회에서 여성은 성적으로 수농적이고 순응석인 하위주체로 규정되고 있기 때문에 알렉은 가만히 앉아 있었던 테스의 무표현을 성적인 허용의 표현으로, 또한 직접적인 거부도 간접적인 동의로 받아들인다. 하디 자신도 이 부분에 대하여 "여자의 부정적인 대답은 긍정적 대답의 전주곡에 지나지 않는다"(209)고 지적하고 있다. 알렉의 강제적인 키스로 인한 "수치심으로 얼굴이 빨개진" 테스의 모습은 당대의 기독교적 도덕관에 근거한 성 윤리가 여성에게 순결을 강요해 왔고 순결이 오히려 여성을 무의식적으로 억압하는 기제로 작용하여 "테스에게는 비극으로 다가오는"(216) 성적 죄의식에 짓눌린 하위주체의 모습임을 예견한다. 동시에 "손수건을 꺼내서 알렉의 입술이 닿은 뺨을 닦는" 것은 당대의 잘못된 규범들, 성의 이중적인 분류, 여성에 대한 부당한 성 이데올로기에 대항하는 것으로서 새로운 주체적인 삶을 살려는 의지를 지닌 여성의 모습으로 탈식민 여성 하위주체의 면모이다.

9월의 축제와 정기 장날이 겹치는 어느 토요일 저녁에, 테스는 체이스버러Chaseborough 장에 갔다가 저녁 늦게 돌아오게 된다. 일행과 함께 걷다가 시비가 붙어 싸움이 벌어지려 할 때 알렉이 나타나 자신과 같이 말을 타고 갈 것을 권유한다. 테스는 피곤하기도 하고 시비를 피하고자 알렉의 말을 올라타는데 알렉은 안개가 짙게 깔려있는 체이스Chase 숲으로 그녀를 데리고 간다. 이날 밤 테스는 알렉에게 순결을 빼앗기게 된다. 빼앗긴 순결에 대해 "운명처럼 추한 무늬가 박히게 되었다"는 다음 인용문은 성적으로 남성은 지배자이며 여성은 피지배자로서의 관계로서 성적으로 억압받는 하위주체로서의 여성의 운명을 보여준다.

어째서 비단만큼이나 곱고 눈처럼 티 없이 맑은 이 아름다운 여자의 몸에 운명처럼 추한 무늬가 박히게 되었는가? 어째서 늘 추잡한 남자가 이

렇게 아름다운 여인을 차지하고, 엉뚱한 남자가 자기 짝이 아닌 여자를
소유하며, 또 엉뚱한 여자가 남의 남자를 소유하는 일이 허다한 것은 과
연 무슨 까닭인지 수 천 년의 역사를 지닌 분석 철학도 우리의 질서 의식
에 맞는 납득할 만한 설명을 하지 못하고 있다.

Why it was that upon this beautiful feminine tissue, sensitive as
gossamer, and practically blank as snow as yet, there should have been
traced such a coarse pattern as it was doomed to receive; why so often
the coarse appropriates the finer thus, the wrong man the woman, the
wrong woman the man, many thousand years of analytical philosophy
have failed to explain to our sense of order. (86)

특히 "추잡한 남자가 이렇게 아름다운 여인을 차지"하는 일이 허다한 것은
"수천 년의 역사를 지닌 분석 철학도 우리의 질서 의식에 맞는 납득할 만한
설명을 해주지 못하고 있다"고 언급한 이 부분을 통하여 하디는 남성의 경
우, 성적 매력에 대하여 책임을 수반하지 않는 능동적 탐욕이 허용되며 여성
은 수동적으로 당하고 나서도 자신의 행동의 결과에 대해 책임을 져야 하는
당대 현실의 불합리한 상황과 성 이데올로기에 대해 강하게 비판하고 있다.
　　테스는 체이스 숲에서 그런 일이 있은 뒤에도 알렉의 집에 두세 주일이
나 더 머물렀다. 테스가 머무른 이유는 집안의 경제적 어려움으로 일자리를
알아보아야 했고 가족의 생계를 책임져야 하는 압박감 때문이다. 하지만 테
스는 "잠시 동안 당신 때문에 내 눈이 멀어서" 여기에 온 것뿐이라는 말로

자신의 입장을 다음과 같이 변명한다.

> "내가 좋아서 여기 온 게 아닌 건 확실하군."
> "그건 사실이에요. 그쪽이 좋아서 왔거나, 그쪽을 언제 진심으로 사랑
> 했더라면, 만약 아직도 거기를 사랑한다면, 난 이토록 이런 약점을 지닌
> 나 자신을 싫어하고 미워하진 않았을 거예요! . . . 잠시 동안 당신 때문
> 에 내 눈이 멀어졌어요. 그것뿐이에요"

> 'You didn't come for love of me, that I'll swear.'
> ''Tis quite true. If I had gone for love o'you, if I had ever sincerely
> loved you, if I loved you still, I should not so loathe and hate myself
> for my weakness as I do now! . . . My eyes were dazed by you for a
> little, and that was all.' (93)

테스는 알렉과의 경험 이후에 자신의 여성성에 대해 "이토록 이런 약점을
지닌 나 자신을 싫어하고 미워한다"는 말은 자기비하로서 여성이 스스로를
하위주체로 인식할 때 갖게 되는 정서로 보인다. 이러한 자기비하에도 불구
하고 테스는 알렉을 사랑하지 않음으로써 단호하게 알렉의 유혹을 뿌리친
다. 테스는 경제적인 도움을 이유로 계속 접근해 오는 알렉에게 '노리개 감'
이 되길 거부한다.

> 그녀의 너그럽고 충동적인 본성에는 대체로 냉소 같은 것이 들어있진
> 않지만 이 말에는 그녀의 입술이 비웃는 듯이 위로 약간 올라갔다.

"난 더 이상 당신한테서 아무것도 바라지 않는다고 말했잖아요. 받지 않겠어요. — 받을 수가 없어요. 그런 식으로 사는 건 당신의 노리개 감밖에 또 뭐가 되겠어요. 난 그러고 싶지 않아요."

Her lip lifted slightly, though there was little scorn, as a rule, in her large and impulsive nature.

'I have said I will not take anything more from you, and I will not —I cannot! I *should* be your creature to go on doing that, and I won't!' (93–94)

이것은 바로 주변부 하위주체가 중심부로 복귀하려는 노력의 일환으로 남성 지배적 사회의 식민 체제하에서 테스의 독립적인 자아 주체 의식으로 생각해 볼 수 있다. 테스가 남성의 노리개에서 벗어나려는 이런 점을 두고 에버라인Hardy Evelyn은 "여성의 해방을 위해 하나의 작은 불빛이 되고자 하는 하디의 사상을 나타내는 것"(237)이라 하였다.

테스가 알렉에게 순결을 잃었다는 사실에서 여성 하위주체로서 비극적인 출발이 시작된다. 하지만 테스는 "알렉을 절대로 사랑하지 않을 거라며"(95) 사랑하지 않는 남자와 결혼할 마음이 없다는 입장을 밝힌다. 테스는 알렉의 유혹을 뿌리치고 임신한 몸이 되어 고향에 돌아온다. 테스는 알렉이 베푸는 호의에 잠시 현혹되어 넘어갔었던 순간이 있었음을 스스로 시인하지만 중요한 것은 테스 자신의 주체적인 판단에 의해 그를 떠나기로 결심한 것이다. 테스는 결코 알렉과 결혼하여 계급 상승을 시도하거나 경제적인 의존을 시도하지 않은 점은 테스에게서 높이 살만한 자기 주체의식으로 보인다.

아우어바흐Nina Auerbach는 빅토리아 조의 타락한 여인의 위상을 논하면서 "타락한 여성이 고통 받고 죽기도 한다. 그러나 자신을 유혹한 남성들을 부적절한 대상으로 만들고 타락한 여인으로 일반화시키기를 거부한다"(34-35, 40-46 참조)고 주장하고 있다. 아우어바흐의 주장대로 테스는 알렉의 집에서 돌아오는 도중에 마을 곳곳에 있는 벽과 대문 디딤대에 쓰여 있는 "저희, 저주는, 잊혀지지, 아니 하느니라"(96)는 성경 구절을 보면서 "그 글은 무섭고, 사람을 짓밟아 죽이려는 것 같다"(97)는 생각은 테스가 성적으로 유린당한 마음의 상처에 대한 깊은 죄의식과 절망감이 내면에 잠재하여 있음을 반영한다. 그러나 테스는 "하느님이 이런 말씀을 했다고는 믿지 않는다"(97)고 하면서 그 글자들의 의미를 거부한다. 당대의 도덕 기준으로 볼 때 테스는 타락한 여인, 혹은 버림받은 여인이다. 하지만 다른 사람의 눈에는 테스가 "타락한 여인으로 보일지라도 자신의 죄책감을 떨쳐버리고 스스로 타락한 여인의 속성을 벗어 던진 뒤 자신의 상황을 판단하고 또 성찰하는 힘"(Auerbach 171)을 보여주는 것으로서 절망감과 죄의식을 극복하는 방향으로 자신의 삶을 꾸려나가려는 모습이다.

순결을 잃은 테스에게 "결혼하려고 집으로 왔구나"(98)라는 어머니의 말을 통해서 테스의 성행위에 따르는 책임이 수반되어야 했던 당시 사회의 결혼관을 엿볼 수 있다. 어머니는 알렉과 결혼하지 않은 사실에 실망하고 있다. 이러한 상황에서 테스는 알렉을 경멸하고 싫어하며 그로부터 도망쳐 나온다.

서벌턴的 시각에서 **토마스 하디의 소설과 시 다시 읽기**

테스는 두렵고 움찔하게 되어 자신의 약점을 교묘하게 이용하는데 아무
런 저항을 하지 못했다. 그러다 잠시 동안 그의 정열적인 욕구에 잠시 눈
이 멀고 마음이 흔들려 결국 그에게 넘어갔지만 갑자기 그를 경멸하고
싫어하게 되었고, 그래서 그로부터 도망쳐 나온 것이다. 그게 전부였다.
그를 증오하는 것은 아니었다. 그러나 그는 그녀에게 '티끌과 재'같은 존
재였다. 그녀는 자신의 가문을 위해서라도 그와는 결혼하고 싶지 않았다.

She had dreaded him, winced before him, succumbed to adroit
advantages he took of her helplessness; then, temporarily blinded by
his ardent manners, had been stirred to confused surrender awhile:
had suddenly despised and disliked him and had run away. That was
all. Hate him she did not quite; but he was dust and ashes to her, and
even for her name's sake she scarcely wished to marry him. (99)

테스가 알렉을 "티끌과 재같은 존재"로 보며 "자신의 가문을 위해서라도 그
와는 결혼하고 싶지 않다"는 것은 당시 중산 계급 중심의 안정된 사회유지
를 위해서 "처녀성을 강조함으로써 여성의 성적 행동을 통제하려 한"(Stave
107) 기독교 문화의 성 기준에 반격을 가하려는 주체적인 탈식민 여성의 면
모이다.

테스는 여성의 순결을 중시하는 당대 사회에서 미혼모로서 살아가는
일이 어려운 일임을 알고 있음에도 불구하고 알렉의 아이를 낳는다. 테스는
새로운 삶에 대한 의지와 강인함으로 가족의 생계를 위해 알렉의 아이를 돌
보면서 추수기에 다시 들판으로 일하러 나간다. 그녀에게는 오늘을 살아야

한다는 사실만이 중요하고 과거는 단지 흘러간 상처일 뿐이다. 그러나 뜻하지 않게 아들 소로우Sorrow는 정식 세례도 받지 못한 채 곧 병으로 죽게 된다. 테스가 마을 목사를 불러 세례를 베풀어 주도록 요청하지만 양가집 딸이 사생아를 낳았다는 사실을 세상에 알리고 싶지 않은 아버지의 반대로 테스는 아들에게 직접 세례를 베풀게 된다. 다음은 테스가 아들에게 세례를 주기 위해 서있는 모습이다.

테스의 모습은 눈에 띄게 훤칠하고 늠름해 보였다. 길고 하얀 잠옷을 걸치고 땋아 늘인 검고 숱 많은 머리채는 등 뒤로 허리까지 길게 치렁치렁 내려갔다. 희미하게 비치는 촛불 빛 때문에 다행스럽게도 테스의 외모와 밝은 햇볕 아래 서라면 훤히 드러나 보일지도 모르는 작은 흠집들 — 낮에 일하다 그루터기에 찔린 테스의 팔뚝에 난 크고 작은 상처들과 피곤한 눈매들 — 이 잘 드러나 보이지 않았다. 상기된 열성이 테스 자신을 파멸시켜 왔던 얼굴을 다른 모습으로 바꾸어 티끌하나 없는 청순하고 아름답게 보여주었을 뿐만 아니라 거의 여왕 같은 위엄마저 풍기게 했다.

Her figure looked singularly tall and imposing as she stood in her long white nightgown, a thick cable of twisted dark hair hanging straight down her back to her waist. The kindly dimness of the weak candle abstracted from her form and features the little blemishes which sunlight might have revealed — the stubble scratches upon her wrists, and the weariness of her eyes — her high enthusiasm having a transfiguring effect upon the face which had been her undoing,

서벌턴的 시각에서 토마스 하디의 소설과 시 다시 읽기

showing it as a thing of immaculate beauty, with a touch of dignity
which was almost regal. (113)

이렇게 테스는 죽어가는 아기에게 세례를 주는 의식을 거행함으로써
타락한 여인이라는 테스의 모습은 오히려 제왕 같은 크고 당당한 위엄을 보
인다. 비록 정식의 세례의식이 아니라 그녀가 임의로 행하는 것이지만 스스
로 어린애로부터 죄를 씻어내려는 남성 목사의 역할을 행한다. 그녀가 자기
아들 소로우의 죄를 씻어내어 정화시키는 이 의식은 테스 자신의 정신적 재
생이다. 기독교 문화가 규정하는 타락한 여인의 죄의식을 극복하고 테스 자
신의 삶의 가능성을 탐색하려는 탈식민 과정으로 볼 수 있다. 다시 말하면
당시의 어찌할 수 없는 기독교적 윤리와 그러한 사회적 관습의 편협성을 뛰
어 넘는 세례 행위를 거쳐서 새로운 독자적 삶을 향해 나아가려는 테스의 자
세는 더욱 성숙한 탈식민 여성의 모습이다.

테스는 아이에게 세례를 주고 난 후 매장 문제를 상의하기 위해 목사를
찾아 가지만 거절당한다. 결국 그녀의 아들은 교회묘지 한 귀퉁이에 묻히고
만다. 이 구역은 모두 세례 받지 못한 사생아나 악명 높은 주정뱅이, 자살한
사람, 그리고 지옥으로 간 사람들이 누워 있는 곳으로 구원의 은총을 받을
수 없다. 기독교 교리에서 볼 때 사생아에게는 묘지를 제공하지 않기 때문에
목사가 기독교 의식의 장례를 거부하는 일은 당연한 일이다. 따라서 세례를
받지 못한 아들 소로우에게 테스가 스스로 세례를 베푸는 장면은 하디가 테
스로 하여금 기존의 기독교 문화에 대항하는 저항 의식을 반영한 것으로 볼

수 있다.

이렇게 테스는 사회의 이목을 중시하는 형식적인 기독교 이데올로기에 의해 거듭 좌절하지만 불행했던 과거와 아이의 죽음 등을 통해 과거보다 미래를 향하는 강인한 의지를 지닌 여성으로 성장하는 모습을 보여준다. 그녀는 강한 자아의식과 남성과 대등한 독립적인 모습으로 자신의 성 정체성을 찾기 위해 숱한 시련에도 굽히지 않는 굳센 성격의 여성으로 변한다. 테스의 이러한 모습은 탈식민 여성 하위주체로서의 삶의 강인한 노력의 일면이다. 하디는 이런 테스의 모습을 다음과 같이 전한다.

이리하여 테스는 거의 단숨에 소박한 처녀에서 복잡한 여성으로 변화했다. 얼굴에는 깊은 사색의 빛이 나타나고, 때때로 목소리에는 비극적 음색이 서려있다. 테스의 눈은 전보다 더 커지고 인상도 더욱 강렬하게 풍겼다. 그녀의 모습은 사람들이 말하는 정말 멋있는 사람이 되어 있었다. 그녀의 모습은 아름답고 매력적이었으며 남의 눈을 끌기에 충분했고, 지난 한 두 해 동안 숱한 시련에도 굽히지 않는 굳센 성격의 여성으로 변했다. 세상의 이목만 없었다면 그녀가 겪은 경험은 그냥 소양 과정쯤으로 치부될 수도 있었다.

Almost at a leap Tess thus changed from simple girl to complex woman. Symbols of reflectiveness passed into her face, and a note of tragedy at times into her voice. Her eyes grew larger and more eloquent. She became what would have been called a fine creature; her aspect was fair and arresting; her soul that of a woman whom the

서벌턴的 시각에서 **토마스 하디의 소설과 시 다시 읽기**

turbulent experiences of the last year or two had quite failed to demoralize. But for the world's opinion those experiences would have been simply a liberal education. (118)

피상적으로 보아서 테스는 전통적인 고전 작품들에서의 다른 타락한 여성들과 똑같은 운명을 겪는다. 그러나 테스는 고통과 죄책감, 수치감 등의 숱한 시련을 겪는 동안 강하고 굳센 여인으로 변화된다. 하디는 테스의 이러한 변모를 통해 당대의 기독교 문화와 기존 관념이나 판단의 틀에 거부하는 면모를 보인다. 하디는 오히려 테스의 경험을 "소양 과정" 쯤으로 여김으로써 테스가 결코 좌절하지 않고 경험을 바탕으로 성숙해 갈 수 있음을 보이고 있다.

테스의 순결은 기독교 문화가 기반이 된 사회 관습과 대립적으로 설정되면서 짓눌려 있기만 하는 것이 아니다. 테스의 처녀성은 자연의 영역으로 다루어진다. 하디는 테스의 입을 통하여 이런 문제를 다음과 같이 제기한다.

한번 잃으면 영원히 잃어버린다는 말은 순결의 경우에도 해당되는 말인가? 그녀는 이 문제를 자신에게 묻곤 했다. 이미 지나간 일을 덮어 버릴 수만 있다면 그것이 거짓이라는 사실을 증명할 수 있으리라. 유기물질에 있는 재생의 힘이 처녀성에도 적용된다는 것은 확실했다.

Was once lost always lost really true of chastity? She would ask herself. She might prove it false if she could veil bygones. The recuperative power which pervaded organic nature was surely not denied to maidenhood alone. (118-119)

하디는 이 질문에 대하여 처녀성의 재생의 과정을 끊임없이 일어나는 자연의 재생의 과정과 마찬가지로 비유하여 응당 "재생의 힘"이 있는 것으로 답한다.

테스의 성은 '무귀무천'無貴無賤 '삼라만상'森羅萬象 퍼져 있는 자연의 생명력과 연관되면서 "생명이 있는 것에는 어디에서나 즐거움을 맛보고 싶어" 하는 "자발적인 욕망"으로서 시간이 지나면 치유될 수 있는 것이다.

가장 천한 사람에서 가장 귀한 사람에 이르기까지 무릇 생명이 있는 것에는 어디에서나 펴져있는 감미로운 즐거움을 맛보고 싶어 하며 억 누를 길 없는 보편적이고도 자발적인 욕망이 마침내 테스의 마음을 사로잡았다. 이제 겨우 스무 살 밖에 되지 않은 젊은 여인으로 정신적으로나 감정적으로 아직 성숙하지 않은 그녀에게 어떠한 사건일지라도 시간이 흐르면서 결코 변치 않는 상처로 남아 그대로 안고 지낼 수는 없었다.

The irresistible, universal, automatic tendency to find sweet pleasure somewhere, which pervades all life, from the meanest to the highest, had at length mastered Tess. Being even now only a young woman of twenty, one who mentally and sentimentally had not finished growing, it was impossible that any event should have left upon her an impression that was not in time capable of transmutation. (126)

서벌턴的 시각에서 **토마스 하디의 소설과 시 다시 읽기**

하디는 알렉에게서 억눌린 하위주체로서의 테스의 삶은 자연의 재생력과 마찬가지로 새로운 환경에서 새롭게 태어날 수 있음을 강조한다. 테스가 새로이 태어나는 가장 적합한 문화적 환경을 제공하는 곳은 에인젤을 만난 탈보세이즈Talbothays이다. 탈보세이즈는 테스에게는 풍요와 안정을 대변하는 장소로서 노동을 통한 조화와 균형의 모습을 볼 수 있는 곳이다. 이러한 안식과 안정된 분위기 속에서 테스는 젖 짜는 일을 하며 에인젤을 만나 사랑할 수 있었다. 테스와 에인젤과의 사랑은 아주 자연스럽고 아름다운 것으로 무르익어가며 둘은 마치 낙원의 '아담과 이브' 같았다. 에인젤에 대한 테스의 사랑은 더할 나위 없이 높고 순수하여 지난 과거의 아픔과 수치를 잊게 해 준다.

에인젤은 신흥부자로 가문을 산 집안의 알렉과는 달리 신사의 신분을 버리고 대학 교육을 포기한 인물이다. 그는 교회 목사의 아들이지만 기독교 신앙을 저버리고 당시의 진보적인 관점을 수용한 인물이다. 탈보세이즈 농촌 생활을 통하여 자연이나 인간에 대해 진보적 시각을 지녔다. 그리하여 그는 농촌 사람들에 대한 편견을 극복하고 이들과 함께 진정한 농부가 되고 싶어 한다. 테스의 눈에 그는 완벽한 남성적인 매력을 지니고 있는 이상적이고 "지성의 표본"(150)이었나. 테스에게 에인젤은 "선품 지체였으며 안내자, 철학자, 그리고 지성의 선각지"(231)였다. 테스는 "낡은 하프에서 나오는 가냘픈 가락에도 가슴이 설레 일" 정도로 하프를 켜는 에인젤에게 다음과 같이 이끌려간다.

테스는 지금 시간이 어찌되는지 또 자기가 있는 장소가 어디인지도 잊어버리고 있을 정도였다. 별을 쳐다보면 저절로 느껴진다고 하는 희열이 테스 자신도 모르는 사이에 솟아났다. 그녀는 낡은 하프에서 나오는 가냘픈 가락에도 가슴이 설레었고 음악의 화음은 미풍처럼 그녀를 스쳐 지나갔다. 이윽고 그녀의 눈에는 눈물이 고였다.

Tess was conscious of neither time nor space. The exaltation which she had described as being producible at will by gazing at a star, came now without any determination of hers; she undulated upon the thin notes of the second-hand harp, and their harmonies passed like breezes through her, bringing tears into her eyes. (147)

테스는 알렉과는 다르게 에인젤과는 비로소 새롭고 참된 사랑을 할 것이라고 생각한다. 하지만 테스의 기대와 달리 알렉과 마찬가지로 에인절 역시 기독교 문화에서 성장한 사람이다. 그래서 그는 당대의 중산층 남성들처럼 아내로서 복종적이고 순결한 여성적 미덕을 갖춘 여성을 원한다. 즉 테스를 자신의 이러한 틀에 맞는 여성으로 생각하는 것이다. 이렇게 볼 때 에인젤은 기독교를 비판하고 사회적 인습과 가치체계에 구속을 받지 않는 진보적인 인물로 보이지만 사실상 당대의 중산층 남성들의 여성관을 그대로 지닌 관습적인 인물이다.

순결을 빼앗겼던 여성 하위주체로서의 테스는 탈보세이즈의 무르익어 가는 자연과 연관되면서 새로이 태어나려는 테스의 모습은 다음과 같이 "사방에 향기를 발산"하고 있는 것으로 비유된다.

서벌턴的 시각에서 **토마스 하디**의 소설과 시 다시 읽기

계절은 바뀌고 다시 무르익었다. 해가 바뀌자 꽃과 잎사귀와 나이팅게일, 개똥지빠귀와 피리새 그리고 일 년짜리 생물들이 또 다시 찾아와 제자리를 잡았다. 불과 한 해 전만해도 그 자리에는 다른 꽃들과 새들이 있었다. 올해의 꽃과 새는 단지 배종胚種과 무기물 미립자에 지나지 않았다. 해가 뜨면서 솟아난 햇살은 새싹들을 돋아나게 하여 긴 줄기로 뻗게 하고, 소리 없이 수액을 빨아 올려 꽃잎을 벌리게 하여 눈에 보이지 않는 입김과 숨결을 뿜어내듯이 사방에 향기를 발산하고 있다.

The season developed and matured. Another year's instalment of flowers, leaves, nightingales, thrushes, finches, and such ephemeral creatures, took up their positions where only a year ago others had stood in their place when these were nothing more than germs and inorganic particles. Rays from the sunrise drew forth the buds and stretched them into long stalks, lifted up sap in noiseless streams, opened petals, and sucked out scents in invisible jets and breathings. (153)

테스와 에인젤은 불타오르는 정열의 함정에 빠질 듯 말듯 "한 골짜기를 흐르는 두 물줄기처럼 막을 길 없는 법칙에 따라"(153) 에인젤에게 다가기는 모습은 사년스러운 싱직인 반용이다. 그러나 이런 점은 당시대의 관습에서 허용될 수 없음을 보여준다. 여기서 하디는 당대 문화와 자연과의 관점을 대조시키면서 여성의 성을 기독교 문화가 강조하는 당대의 문명사회의 기준으로는 제대로 판단할 수 없는 자연법칙으로 설명한다. 웨인스타인Philip

여성 서벌턴 '테스': 『더버빌가(家)의 테스』

Weinstein도 "성적 정체성은 도덕과 관계없는 것으로서 상대적이며 붕괴 가능한 도덕적 의미들 아래에 놓여 있는 것"(1984, 139)이라 주장한다.

에인젤은 테스를 "아르테미스"나 "데메테르" 등의 여신으로 이상화하여 부르는데서 볼 수 있듯이 테스가 기독교 문화에서 요구되는 이상적인 여성이기를 바란다. 그는 그녀와 육체적이고 세속적인 사랑을 넘어 영적으로 순결한 사랑을 갈구한다. 테스에 대한 에인젤의 이런 바램은 다음 구절에서 살펴볼 수 있다.

> 그녀는 젖 짜는 처녀가 아니라 여인의 환상의 정수였다 — 성性 전체가 하나의 표본과 같은 모습이다. 그는 반 농담조로 테스를 '달의 여신', '풍요의 여신' 그 밖의 여러 환상적인 이름으로 불렀다. 테스는 그런 이름을 이해하지 못했기 때문에 좋아하지 않았다.
> "그냥 테스라고 불러주세요."눈길을 옆으로 주면서 말했다.

> She was no longer the milkmaid, but a visionary essence of woman —a whole sex condensed into one typical form. He called her Artemis, Demeter, and other fanciful names half teasingly, which she did not like because she did not understand them.
> 'Call me Tess,' she would say askance; (155)

에인젤은 한편 테스가 이상적인 여인상을 가지고 있음에도 어쩔 수 없이 그녀의 육체적인 아름다움에 끌리게 된다.

서벌턴的 시각에서 **토마스 하디의 소설과 시 다시 읽기**

테스가 하품을 하자 에인젤에게는 테스의 빨간 입 안이 뱀의 입속처럼 훤히 보였다. 그녀가 틀어 올린 머리채 위로 팔을 높이 뻗을 때 그는 햇볕에 그을린 부분 위로 비단같이 고운 살결이 드러나 보였다. 잠에서 막 깬 그녀의 얼굴은 상기되어 불그레했고 눈꺼풀은 무겁게 눈동자 위를 덮고 있었다. 그녀의 넘칠 듯한-풍만한 개성이 그녀가 내쉬는 숨결에 가득 배어 있었다.

She was yawning, and he saw the red interior of her mouth as if it had been a snake's. She had stretched one arm so high above her coiled-up cable of hair that he could see its satin delicacy above the sunburn; her face was flushed with sleep, and her eyelids hung heavy over their pupils. The brim-fulness of her nature breathed from her. (203)

남성 중심적 시각에서 에인젤은 "테스의 빨간 입안이 뱀의 입속"에 비유되어 짜릿한 쾌감을 느끼면서 동시에 성의 유혹의 위험성까지 느낀다. 즉 테스를 정신적으로 사랑한다고 자처하는 에인젤마저도 결국 "이상적인 여성이란 순결하며, 남성의 하인이요, 남성의 도덕적인 안내자"(장정희 147)라는 남성중심의 이분법적 관점에서 벗어나지 못한다. 에인젤이 기독교/도시 중산 계급 출신으로 하층 출신인 테스를 저급하게 다루는 것에서 알 수 있다. 이것은 에인젤의 내면에는 "계층이 다르면 풍습도 다르다"(278)는 테스에 대한 강한 계층적인 편견을 보이고 있음을 나타낸다.

그럼에도 에인젤은 테스의 청순한 자태에 이끌려 그녀를 사랑하게 되고 테스 또한 에인젤에게 끌리게 된다. 테스는 자신의 더럽혀진 몸을 늘 의식하고 있어 에인젤을 쉽사리 받아들이지 못한다. 그러나 에인젤과 테스는 날이 갈수록 사랑이 무르익게 된다. 결국 두 사람은 결혼식을 치루고 웰브리지Wellbridge로 신혼여행을 간다. 결혼 첫날 밤 에인젤은 자신의 방탕했던 과거를 고백하고 테스는 그 일을 용서해준다. 에인젤의 고백 이후 테스는 속죄하는 마음으로 알렉과의 과거를 고백한다. 그러나 에인젤의 테스에 대한 사랑의 이면에는 차갑고 냉정한 완고함이 자리하고 있었다.

"우리 사랑의 이름으로 용서해 주세요." 그녀는 입이 마른 채 이렇게 속삭였다. "같은 일로 난 자기를 용서했어요."

그가 아무 대답을 하지 않자 그녀가 다시 말했다. ― "자기가 용서받은 것처럼 날 용서해 주세요. 에인절, 난 자길 용서했잖아요."

"자기가, ― 그래요, 자기는 용서를 했지요."

"그러나 자기는 날 용서하지 않겠다고요?"

"아, 테스, 이런 경우에는 용서가 통하지 않아요! 그전의 당신과 지금의 당신은 다르게 보여요. 맙소사! ― 용서란 것이 어떻게 괴상망측한 속임수에 ― 해당될 수 있겠어요!"

'In the name of our love, forgive me!' She whispered with a dry mouth. 'I have forgiven you for the same!'

And, as he did not answer, she said again ― 'Forgive me as you are forgiven! I forgive you, Angel.'

'You ― yes, you do.'

'But you do not forgive me?'

서벌턴的 시각에서 **토마스 하디의 소설과 시 다시 읽기**

‘O Tess, forgiveness does not apply to the case! You were one person; now you are another. My God — how can forgiveness meet such a grotesque — prestidigitation as that!’ (274)

테스의 이러한 고백을 듣고 테스의 순결성을 중요하게 생각했기 때문에 에인젤은 충격을 받으며 더 이상 테스는 자신이 사랑했던 여자가 아니라고 생각한다. 자신의 과거를 고백하며 용서를 구하는 그녀에게 그는 “용서가 통하지 않는다”며 단호히 거절한다. 정신적 구현이자 순수의 상징으로 이상화 하였던 순결성은 에인젤 자신이 용서받는 일과 테스가 용서받는 일은 다르다고 한다. 테스와 같은 잘못을 저질렀음에도 에인젤은 자신의 과거가 용서되는 것은 당연하다고 생각하지만 그녀의 죄에 대해서는 용서하지 않는 것이다. 이러한 그의 태도는 당대의 남성과 여성의 사회적 도덕 기준이 남성중심주의 성 이데올로기에 기반을 두고 있는 것이다. 에인젤의 따뜻하고 너그러운 마음은 이제 자신의 아내를 일종의 순결한 여인의 가면을 쓴 죄 많은 여자 사기꾼으로 보는 편협적이고, 냉정한 마음으로 변한다. 실제로 에인젤은 자신의 진보적 생각에도 불구하고 여성의 순결에 대해서는 전통적 가치를 따르는 기독교 문화의 유산을 그대로 고집하는 것이다. 알렉과 마찬가지로 에인젤 역시 테스와의 사랑의 관념은 다르지 않다. 테스는 여전히 기독교 문화에 기반을 둔 남성 중심의 지배적 언어에 의해서 하위주체화 되었다고 보겠다.

이런 에인젤은 알렉 못지않게 위선이 가득한 인물이며 정신적인 폭군이다. 하우는 “알렉은 테스를 육체적으로 괴롭히고, 에인젤은 테스를 정신적으로 괴롭힌다"(Howe 112)고 말함으로써 당대가 만들어낸 두 남성이 테스를 비극으로 몰고 가는 같은 부류의 사람들로서 이들에 의해 테스는 차별과 억압받는 여성 하위주체로서의 모습을 지적한다. 에인젤 역시 당대의 남성들이 여성들에게 강요하던 육체적인 순결과 남편에 대한 복종을 원했던 것으로 보아 에인젤의 테스에 대한 사랑은 동등한 인간으로서의 진실한 사랑은 아니다.

에인젤은 지성적으로 자유롭고 경제적으로 독립하여 종교적으로 얽매이지 않으려는 점에서는 이상주의자라고 할 수 있으나 인습과 도덕관을 벗어나지 못하는 점에서는 철저하게 남성중심의 성 이데올로기를 따르는 보수주의자이다. 그는 테스의 순결 문제에서는 관습적인 입장을 보이는 이중적인 성 이데올로기를 가지고 있다. 그를 진정으로 사랑하고 있는 테스의 절규를 에인젤은 냉정하게 뿌리치는 이중적인 모습을 보여준다.

"알아요."
"에인젤, 난 자기가 날 사랑하는 줄로만 알았어요. ─ 나를, 바로 나 자신을 요! 자기가 사랑하는 사람이 나라면, 어떻게 날 보고 그런 말을 할 수 있나요? 무서워요! 자기를 사랑하기 시작한 이상 난 자기를 영원히 사랑해요. ─ 무슨 변화가, 무슨 굴욕스런 일이 닥치든지요. 자기는 그대로 자기이니까요. 난 그 이상은 바라지 않아요. 그런데도 나의 남편인 자기는 어째서 나를 사랑할 수 없다는 거지요?"
"다시 말하지만 내가 사랑한 여자는 자기가 아니에요."
"그럼 누구죠?"

서벌턴的 시각에서 **토마스 하디**의 소설과 시 다시 읽기

"자기 모습을 한 다른 여자예요."

'I know that.'

'I thought, Angel, that you loved me — me, my very self! If it is I
you do love, O how can it be that you look and speak so? It frightens
me! Having begun to love you, I love you for ever — in all changes,
in all disgraces, because you are yourself. I ask no more. Then how
can you, O my own husband, stop loving me?'

'I repeat, the woman I have been loving is not you.'

'But who?'

'Another woman in your shape.' (275)

에인젤은 테스의 있는 그대로의 모습을 사랑한 것이 아니다. 성적 매력에 호
감을 느낀 것이다. 그래서 그는 그녀의 과거를 듣고 순결을 잃었다는 점을
알고 난 뒤에는 사랑마저 부정한다.

에인젤의 이러한 이중적인 성 이데올로기에 의해 테스는 다시 한 번 억
압을 당하는 하위주체가 된다. 테스가 첫 날 밤에 순결을 잃었다는 고백을
한 후 죄인으로서 에인젤에게 무슨 일이라도 복종하며 살겠다고 매달린다.
이것은 테스가 여성의 성적 일탈은 당대의 순결 이데올로기로 인하여 남성
과 함께 살 수 없을 뿐만 아니라, 남성이 자기를 버리고 떠난다 해도 따라갈
수 없다는 사실을 그대로 받아들이는 것으로 보인다. 남성에 비해 여성이 더
욱 중죄로 여기는 자기희생적 존재임이 강조되는 대목이라 하겠다.

"우리가 장차 어떻게 해야 할지 제대로 생각할 수 없어요."

"에인절, 함께 살게 해달라고 매달리지는 않을게요. 나에게는 그럴 권리가 없으니까요. 어머니와 여동생들에게 내가 결혼했다는 편지도 쓰지 않을게요. 쓰겠다는 약속은 했지만요. 우리가 임시 숙소에 있는 동안 재단해서 만들려던 좋은·반짇고리도 그만 만들게요."

"그럴래요?"

"자기가 명령을 내릴 때까지 아무것도 하지 않을게요. 자기가 날 떠난대도 따라가지 않을게요. 자기가 나에게 다시는 말을 하지 않더라도 왜 그러냐고 묻지 않을게요. 자기가 그래도 좋다고 허락할 때까지요."

"내가 당신에게 무슨 일이든 하라고 시킨다면 요?"

"난 자기의 비천한 노예처럼 무엇이든 하겠어요, 설사 그것이 죽는 일이라도 하겠어요."

'I have not been able to think what we can do.'

'I shan't ask you to let me live with you, Angel, because I have no right to! I shall not write to mother and sisters to say we be married, as I said I would do; and I shan't finish the good-hussif I cut out and meant to make while we were in lodgings.'

'Shan't you?'

'No, I shan't do anything, unless you order me to; and if you go away from me I shall not follow 'ee; and if you never speak to me any more I shall not ask why, unless you tell me I may.'

'And if I order you to do anything?'

'I will obey you like your wretched slave, even if it is to lie down and die.' (276)

이 내용은 남성위주의 사회에 대하여 테스라는 여성이 피식민 하위주체라는 모습을 단적으로 보여준다. 물론 테스가 사회적 신분, 경제적 지위, 계층적 위치 면에서 에인젤과 차이가 나는 신분이기는 하지만 설사 그것이 죽는 일이라도 "비천한 노예처럼" 살겠다고 하는 말은 테스가 남성중심 사회에서 수동적인 희생자로서 처절하게 자신을 피식민 하위주체로 인식하고 있다. 이런 테스의 태도는 당대의 남성위주의 가치관에 예속될 수밖에 없는 식민 상황을 반영한다.

에인젤은 테스의 고백을 들은 후 "가장 소중한 나의 아내가 죽었어!"(296)라며 여러 번 중얼거린다. 그는 관념적 이상 속의 사랑을 원했기 때문에 이상적인 여인과 현실적인 여인이 일치하지 않을 때 이상적인 여인은 죽었다고 생각하는 것이다. 그토록 믿었고 소중했던 아내에 대한 실망과 절망의 표현이다 이러한 "정신적 흥분의 힘이 끝나고" 현실로 돌아와 "관속에서 일어나 앉은" 테스의 모습을 보게 된다.

클레어는 테스를 그 석관 속에 조심스럽게 눕혔다. 마치 크게 바라던 일을 끝낸 사람처럼 그는 그녀의 입술에 두 번째 키스를 퍼붓고 숨을 깊게 내쉬었다. 그리고는 클레어는 관 옆에 나란히 몸을 뻗어 누웠다. 그는 금세 피로에서 오는 깊은 잠에 빠져들었고 통나무처럼 꼼짝하지 않았다. 상황을 여기까지 끌고 왔었던 정신적 흥분의 힘은 이제 끝난 것이다.

테스는 관속에서 일어나 앉았다.

In this Clare carefully laid Tess. Having kissed her lips a second
time he breathed deeply, as if a greatly desired end were attained.
Clare then lay down on the ground alongside, when he immediately
fell into the deep dead slumber of exhaustion, and remained
motionless as a log. The spurt of mental excitement which had
produced the effort was now over.

Tess sat up in the coffin. (298)

기독교적 의미에서 에인젤이 이상화시킨 순결한 신부 테스의 이미지를
관 속에 묻어 버린다. 그 대신에 순결하지 않은 테스의 현재의 존재를 관속
에서 일어나게 하는 행위는 여성에 대한 남성중심의 이분법적 사고가 에인
젤에게 깊이 내면화 되어 있었고 테스는 그 만큼 그러한 사고에 식민화 된
하위주체임을 인정해 버리는 한 단면이라 하겠다. 에인젤은 도저히 테스를
용서할 수 없다고 생각하고 헤어지려한다. 에인젤은 테스를 친정에 데려다
주고 브라질로 갈 결심을 굳힌다. 테스는 에인젤이 자신의 과거를 용서하지
못하고 사랑하는 마음이 사라졌다는 것을 알게 된 이상 그와 함께 지낼 수가
없었다.

이중적인 사고를 가지고 있는 에인젤이 브라질로 떠난 이후 테스는 순
무 농장에서 노예처럼 손가락이 얼어붙을 정도로 힘든 일을 하고 있었다. 테
스는 플린트콤-애쉬Flintcomb-Ash 순무 농장에서의 순무를 캐는 일이나 이삭
베는 일에 종사하며 격심하고 비인간적인 노동에 시달리는 고통을 겪는 어
려운 상황 속에서도 좌절하지 않는다.

서벌턴的 시각에서 **토마스 하디의 소설과 시 다시 읽기**

테스는 자기 앞에 펼쳐진 경제적 압박과 몰락 그리고 사회적 억압에도 불구하고 집안의 장녀로서 가족을 꾸려 나갈 책임감 때문에 육체적, 정신적인 고통을 참아가며 의연하게 주어진 현실에 대처해 나간다. 그녀는 더욱 자신의 주체성을 지키려는 노력을 보이며 끝까지 희망을 버리지 않는다. 이는 테스가 당대의 상황에서 어쩔 수 없이 겪어야 했던 많은 어려움 속에서 수동적인 피해자가 될 수밖에 없는 식민 하위주체의 모습이다. 하지만 한편으로는 주어진 상황에 맞서며 능동적으로 대처하며 자기 삶을 개척하려는 노력과 의지는 탈식민 하위주체의 모습을 동시에 보여주고 있다고 하겠다. 테스는 더 이상 억압받기만 하는 하위주체가 아니라 이를 극복하려는 탈식민 여성으로서의 면모를 드러낸다.

이런 와중에도 테스는 아침의 서리와 오후의 빗속에서 노예처럼 일을 했다. 그녀는 순무를-캐고 있지 않을 때에는, 순무를-다듬는 일을 했다. 그들은 나중에 쓰기 위해 무 뿌리를 저장하기 전에 밀-낫으로 무 뿌리에 달린 흙과 잔털을 긁어내는 일을 하였다. 이 일을 하다가 비가 오면 이엉을 얹은 울타리 가에서 비를 피해 자기들을 대피시켰다. 그러나 서리가 앉은 날에는 두꺼운 가죽 장갑도 꽁꽁 언 무 더미가 손가락을 얼어붙게 만드는 것을 막을 수 없었다. 그러나 테스는 희망을 버리지 않았다.

Amid this scene Tess slaved in the morning frosts and in the afternoon rains. When it was not swede-grubbing it was swede-trimming, in which process they sliced off the earth and the fibres with a bill-hook before storing the roots for future use. At this occupation they could

여성 서벌턴 '테스': 『더버빌가(家)의 테스』

shelter themselves by a thatched hurdle if it rained; but if it was frosty even their thick leather gloves could not prevent the frozen masses they handled from biting their fingers. Still Tess hoped. (341)

테스는 이처럼 에인젤이 반드시 자기를 데리러와 "재결합 할 수 있을 것이라는 확신"(341)을 지니고 있었기 때문에 그에 대한 사랑과 희망을 버리지 않고 험난한 현실을 극복해 나간다. 그러나 참고 견디며 극복해 나가는 테스에게 복음 전도사가 된 알렉이 또 다시 나타난다. 알렉은 사실 테스의 육체적인 첫 남편이기도 하다. 테스는 의식적으로는 그에 대한 반감을 나타내지만 자신의 육신을 거부할 수 없는 것처럼 알렉을 거부할 수 없음을 느낀다. 그리하여 그에 대한 유혹을 물리치고자 에인젤에게 구원을 청하는 다음과 같은 편지를 보내게 된다.

단 하나뿐인 나의 남편께, ─ 이렇게 부르게 해 주세요. ─ 이런 가치 없는 아내를 생각하면 화가 난다해도 난 그렇게 불러야만 해요. 어려운 처지에도 난 자기에게 호소하지 않을 수 없어요. ─ 나에게는 자기 말고는 아무도 없어요! 에인젤, 난 지금 심한 유혹을 받고 있어요.

My own Husband, ─ Let me call you so ─ I must ─ even if it makes you angry to think of such an unworthy wife as I. I must cry to you in my trouble ─ I have no one else! I am so exposed to temptation, Angel. (398)

서벌턴的 시각에서 토마스 하디의 소설과 시 다시 읽기

나에게로 와서 — 나를 위협하는 모든 것으로부터 날 구해주세요!
— 자기의 가슴 아픈 충실한 테스.

Come to me — come to me, and save me from what threatens me!
— Your faithful heartbroken Tess. (399)

테스는 "나에게는 자기 말고는 아무도 없다"고 말한다. 테스는 계속해서 "심한 유혹을 받고 있다"고 하며 "모든 것으로부터 날 구해주세요!" 라는 말은 여성 하위주체로서의 무력함을 보이는 동시에 이를 벗어나려는 탈식민 여성 하위주체로서의 모습을 보이는 양면성을 지닌 절규의 표현으로 보인다.

알렉은 테스가 자신의 아기를 낳았다는 사실을 알게 된다. 그리고 뻔뻔스럽게 결혼 허가증을 가지고 나타난다. 알렉은 과거의 그가 아니었다. 심지어 테스에게 장갑으로 얻어맞고 피까지 흘리는 수모를 당하면서도 끝까지 그녀에게 구혼하는 모습은 예전과는 많이 다르다. 도시에서 헤매는 테스의 가족을 돌봐주며 호의를 베푸는 것에 이르기까지 알렉의 모든 적극성은 한 여자의 육체만을 탐하던 난봉꾼의 모습과는 분명히 거리가 멀다. 나아가 어려운 처지에 버려두고 떠난 남편 에인젤에 비해 알렉 자신이 테스와 더 가까운 남편임을 주장한다. 비로소 테스는 알렉과 에인젤 둘 다 장단점을 지니고 있고 누가 좋고 나쁜가를 인식하기에 이른다. 이러한 테스의 변모는 남성에 대해 수동적이 아닌 능동적인 주체로서 인식되어진다.

이런 면은 테스가 에인젤에게 보낸 마지막 편지에서 적극적으로 자기 항변을 하는 것에서도 알 수 있다. 기존의 남성중심의 가치관에서 자신을 한

없이 비하하던 그녀가 그동안의 시련을 겪으면서 이제는 더 이상 남성중심 사회에서의 하위주체가 아니며 나아가 남성과 대등한 주체임을 깨닫는다.

아, 왜 날 이렇게 심하게 다루나요, 에인젤! 난 그런 대접을 받을 만큼 나쁜 짓을 하지는 않았어요. 모든 걸 조심스럽게 생각해 보았어요. 난 자기를 절대로, 절대로 용서하지 못해요! 내가 자기에게 나쁜 짓을 할 의도가 없었던 건 자기가 잘 알거예요. ─ 왜 자기는 날 나쁘게 대하는 거죠? 자기는 잔인, 정말 잔인해요! 난 자기를 잊으려고 합니다.
자기에게서 받은 것은 오직 부당한 대접밖에 없어요! 테스.

O why have you treated me so monstrously, Angel! I do not deserve it. I have thought it all over carefully and I can never, never forgive you! You know that I did not intend to wrong you ─ why have you so wronged me? You are cruel, cruel indeed! I will try to forget you.
It is all injustice I have received at your hands! T. (421)

"난 자기의 비천한 노예처럼 무엇이든 하겠어요"(276)라고 말했던 이전과는 정반대의 상황이다. 하지만 자신이 부당한 취급을 받고 있음을 깨닫자 테스는 남편에게 당당하게 항변하고 있다. 이것은 테스가 능동적으로 자신의 정체성을 되찾는 모습이다.

에인젤은 고국을 떠나 브라질에 있는 동안 정신적으로 십여 년은 더 성숙해졌다. 그는 테스가 육체적으로는 타락했지만 정신적으로는 순수한 여자임을 깨닫고 귀국한다. "이미 저지른 것 속에 있는 것이 아니라 장차 의도

서벌턴的 시각에서 **토마스 하디**의 소설과 시 다시 읽기

하려고 한 마음가짐"(402)이 중요하다는 생각을 하게 된다. 에인젤은 낡아빠진 도덕의 가치에 대해 다시 생각하게 되고 도덕적인 여성이란 어떤 여성인가에 대해 새로운 시각을 지니게 된다. 그는 한 인물의 아름답고 추함을 결과보다는 목적과 동기로 판단해야 한다고 생각하고 자신이 경솔하였다고 뉘우친다. 이런 생각을 하고 돌아 온 에인젤에 대해 테스는 너무 늦게 돌아왔다고 하며 가까이 다가오지 못하게 한다.

테스는 "자기를 두고 떠난 나를 용서할 수 있겠어요?"(448)라고 말한다. 이는 에인젤에게서 용서 받기를 바라는 이전의 테스의 모습과는 다른 상황으로 이제는 테스 자신이 자기를 용서할 수 없다는 말로서 되찾은 자기 정체성에 대한 강한 자존감이며 동시에 되살아난 자기 비애감으로 보인다. 테스는 투숙하고 있는 여관을 찾아온 에인젤에게 다음과 같이 말한다.

"난 자기를 기다리고 또 기다렸어요." 그녀가 말을 이었다. 그녀의 목소리에 전날의 부드러운 비애감이 갑자기 되살아났다. "그러나 자기는 오지는 않았어요! 편지를 썼어요. 그래도 오지 않았어요! 그 사람이 자기는 다시는 오지 않을 거라고, 그리고 날더러 바보 같은 여자라고 말했어요. 그 사람은 나에게, 어머니에게 그리고 우리 모두에게 아버지가 돌아가신 이후 매우 친절했어요. 그 사람은―"

'I waited and waited for you,' she went on, her tones suddenly resuming their old fluty pathos. 'But you did not come! And I wrote to you, and you did not come! He kept on saying you would never come any more, and that I was a foolish woman. He was very kind to me, and to mother, and to all of us after father's death. He — ' (448)

테스는 그토록 기다리고 또 기다렸던 남편을 만나게 되지만 이때는 이미 경제적으로 매우 궁핍하였고 설상가상으로 부친의 사망으로 지칠 대로 지친 심신 상태였다. 더욱이 테스의 집과 토지는 임대권이 만료되어 가족들은 거리에 나앉게 된다. 알렉은 계속 테스의 어려운 집안을 도와주겠다고 한다. 이러한 도움은 테스에게는 정신적으로 감내하기 힘든 상당한 압력으로 작용하게 된다. 테스가 경제적으로나 정신적으로 억압받는 하위주체의 모습이다. 테스는 돌아오지 않는 에인젤을 기다리다 지친 나머지 원망하면서 도로 알렉에게 돌아간 것은 궁지에 몰린 경제적 궁핍 때문이라고 판단해 볼 수 있다. 비록 테스가 알렉의 유혹에 굴복하긴 하였으나 그리던 에인젤과 재회를 하였음에도 에인젤에게 다시 돌아갈 수 없었다. 테스는 에인젤과 소중하고 순수한 정신적 사랑을 나눌 수 없는 기구하고 야속한 자신의 운명에 대해 견딜 수 없는 절망감을 다음과 같이 절규한다.

"그리고는 나의 사랑하는, 사랑하는 남편이 내게로 왔어요. . . 나는 그걸 몰랐어요! . . .당신은 나에게 잔인하게 설득을 했어요 . . . 당신은 끝까지 설득을 멈추지 않았어요. — 그래요 — 당신은 멈추지 않았어요! 내 어린 여동생들과 남동생들, 어머니에게 필요한 것들, 당신이 내 마음을 움직인 것은 그런 것들이었어요. 그리고 당신은 내 남편이 절대로 돌아오지 않을 거라고 — 절대로; 당신은 나를 힐책했고 남편을 기다리는 것은 바보

서벌턴的 시각에서 **토마스 하디**의 소설과 시 다시 읽기

짓이라고 말했지요! . . . 나는 마침내 포기하고 당신을 믿었어요! . . .그
런데 그가 돌아왔어요! 이제 그이는 갔어요. 두 번째로 간 거예요. 나는
이제 그이를 영원히 잃었어요 . . . 그이는 나를 눈곱만치도 사랑하지 않
을 거예요. ─ 미워할 거예요! . . . 오, 그래요, 난 이제 그 사람을 잃게 되
었어요 ─ 당신 ─ 때문에 또 한 번 더!”

‘And then my dear, dear husband came home to me . . . and I did
not know it! . . . And you had used your cruel persuasion upon me
. . . you did not stop using it ─ no ─ you did not stop! My little
sisters and brothers and my mother's needs ─ they were the things
you moved me by . . . and you said my husband would never come
back ─ never; and you taunted me, and said what a simpleton I was
to expect him! . . . And at last I believed you and gave way! . . . And
then he came back! Now he is gone. Gone a second time, and I have
lost him now for ever . . . and he will not love me the littlest bit ever
any more ─ only hate me! . . . O yes, I have lost him now ─ again
because of ─ you!’ (451)

테스는 “내 남편이 절대로 돌아오지 않을 거라고” 자기를 기만한 알렉에 대
해 성전박탈과 같은 배신감을 느낀다. 테스는 유혹에 못 이겨 알렉의 정부로
전락한 자신에 대한 분노와 떠나간 “남편을 기다리는 것은 바보짓”이라고
자신을 힐책한 알렉에 대한 분노가 복합적으로 작용하였다. 테스는 알렉의
계략에 의해 두 번씩이나 에인젤을 잃어야 했고 사랑도 잃어야 했다. 테스는

여성 서벌턴 ‘테스’: 『더버빌가(家)의 테스』

알렉에 대하여 믿었던 만큼 실망이 컸고 실망이 컸던 만큼 분노도 컸다. 더 이상 "난 견딜 수가 없다"고 절규하며 알렉을 살해하기에 이른다.

"그런데 그이가 죽어가고 있어요 — 죽어가는 얼굴이었어요! . . . 내가 지은 죄가 나를 죽이지 않고 그이를 죽이고 있어요! . . . 오, 당신은 내 인생을 산산조각으로 찢어 놓았어요 . . . 다시는 날 그렇게 만들지 말라고 기도했는데 날 그렇게 만들었어요! . . . 나의 진정한 남편은 절대로, 절대로 — 오, 하느님 — 난 견딜 수가 없어요! — 견딜 수가 없어요!"

'And he is dying — he looks as if he is dying! . . . And my sin will kill him and not kill me! . . . O, you have torn my life all to pieces . . . made me be what I prayed you in pity not to make me be again! . . . My own true husband will never, never — O God — I can't bear this! — I cannot!' (452)

테스는 오로지 에인젤과의 정신적 사랑만을 갈구하였기에 에인젤이 찾아왔을 때에는 그와의 사랑이 이 세상의 어떤 법이나 제도보다도 소중하다고 생각하게 된다. 그러나 테스는 다시는 날 그렇게 비참하게 하지 말라고 기도했건만 또 다시 알렉으로부터 배신당한 자신의 모습을 보면서 잃었던 진정한 사랑을 되찾고 남성과 대등한 사람으로 자존감을 지키려는 최후의 선택을 하게 된다. 테스는 결국 자신의 육체와 정신과 믿음을 짓밟은 알렉을 살해함으로써 그동안 하위주체로 짓눌려 올 수밖에 없었던 성적 억압으로부터 해방감을 맛보았다. 동시에 테스 자신도 당대의 비극적 희생물이라는 대가를 치룰 수밖에 없었다. 하지만 그 대가로 테스는 에인젤과 정신적 사랑을 얻게 되기를 다음과 같이 갈구한다.

> "난 이제 자기를 잃는다는 건 생각조차 할 수 없어요. — 자기는 몰라요. 날 사랑하지 않는다는 걸 견딜 수가 없어요. 이제 말해 주세요. 사랑하는, 사랑하는 내 남편. 이제 그를 죽였으니 자기가 말해 주세요!"

> 'I could not bear the loss of you any longer — you don't know how entirely I was unable to bear your not loving me! Say you do now, dear, dear husband; say you do, now I have killed him!' (457)

에인젤은 테스가 알렉을 살해한 이후에도 그녀를 끝까지 보호해야겠다는 생각으로 함께 뉴 포레스트New Forest에서 운둔의 날들을 보낸다. 이 기간 동안 테스는 에인젤과 다시 사랑하게 된 행복감에 눈물을 흘리며 재회의 환희와 완전한 사랑의 성취에 기쁨을 느낀다. 또 한편으로는 사랑을 끝내야 하는 비정한 현실만이 남아있다. 사랑과, 기쁨, 고통, 그리고 용서와 비정함이 교차되는 순간이다.

> "왜 감미롭고 사랑스러운 것을 끝내야 하나요!" 그녀는 반대의 목소리를 내었다. "꼭 와야 될 일이 있다면 그건 오고 말아요." 덧문-틈으로 밖을 내다보며: "저기 밖에는 고통; 여기 안에는 만족이 가득해요." 그도 밖을 내다보았다. 그 말은 사실이었다. 안에는 사랑과 융합과 잘못에 대한 용

81

서가 있는데 밖에는 비정함만이 있었다.

'Why should we put an end to all that's sweet and lovely!' she
deprecated. 'What must come will come.' And, looking through the
shutter-chink: 'All is trouble outside there; inside here content.'
He peeped out also. It was quite true; within was affection, union,
error forgiven: outside was the inexorable. (463)

테스와 에인젤과의 사랑은 육체적, 정신적으로 진정한 사랑을 전제로 했기
에 이제야 이룬 사랑의 기쁨은 완전한 것이 된다. 이 두 사람의 합일은 당대
의 남성 중심의 성 이데올로기에 대한 여성 해방의 체험이며 진정한 사랑의
표출이다. 진정한 사랑의 의지가 없는 당대의 인습적 남녀 관계는 죽음 그
자체였다는 깨달음이다. 테스는 "올 것이 왔다"며 자신의 행동에 책임지겠
다는 결연한 의지를 보인다.

　"에인젤, 무슨 일이에요?" 놀라 일어나면서 그녀가 외쳤다. "날 잡으
러 왔어요?"
　"그래요." 그가 말했다. "그들이 왔어요." "올 것이 왔네요." 그녀가
속삭였다. "에인젤, 난 차라리 기뻐요. 그래요, 기뻐요! 이런 행복은 오래
갈수가 없었어요. 나에게는 너무 과분했어요. 이젠 충분히 행복을 누렸어
요. 자기가 날 경멸 하는 날 까지 오래 살지 않게 되었어요!"
　그녀가 일어나 몸을 턴 다음 앞으로 걸어갔으나 그들 중 누구도 움직
이지 않았다.

서벌턴的 시각에서 **토마스 하디**의 소설과 시 다시 읽기

"나, 준비 되었어요." 그녀가 조용히 말했다.

'What is it, Angel?' she said, starting up. 'Have they come for me?'

'Yes, dearest,' he said. 'They have come.'

'It is as it should be,' she murmured. 'Angel, I am almost glad-yes, glad! This happiness could not have lasted. It was too much. I have had enough; and now I shall not live for you to despise me!'

She stood up, shook herself, and went forward, neither of the men having moved.

'I am ready.' she said quitely. (469)

테스는 알렉을 죽임으로써 알렉의 굴레로부터 벗어날 수 있었다. 그로 인해 자신도 처형당해야 했기 때문에 "나, 준비 되었어요"라고 말하며 기꺼이 세상을 하직할 준비를 한다. 테스의 이러한 모습은 자신의 사랑을 성취하고 아울러 자신의 행위에 떳떳이 책임을 지겠다는 각오를 보여주는 것으로 단지 힘없는 희생자로서 하위주체의 모습만은 아니다. 웨인스테인은 테스의 죽음을 "하디 작품에서 자아 성취와 영속성은 갈등의 개념이기 때문에 자아가 성취되었다기부다는 오히려 자기 성찰과 진적한 화해"Weinstein 1984, 117라고 하였다. 이런 점에서 테스의 처형을 알리는 나부끼는 "검은 깃발"(472)은 여성의 성적 성찰을 통한 화해를 염원하는 징표라고 할 수 있다.

하디는 테스를 마지막 순간에 제단 위에 세움으로써 비로소 한 시골 처녀가 당대의 남성 담론의 굴레를 벗어던지고 테스 자신만의 사랑의 빛을 발할 수 있게 한 것이다. "테스는 어두움의 형상이 퍼져있는 현실에서 밝은 세계로 나오고 있다"(Tanner 22). 이제 더 이상 테스는 하위주체 여성의 모습이 아닌 것이다. 테스는 퇴락한 농촌 마을의 주정뱅이 아버지 밑에서 자라나 떠돌이 농장 일꾼으로 성장한 시골 처녀가 아니다. 테스는 "당대의 사회적 전환기의 희생자 또한 두 남성 알렉과 에인젤의 희생자"(Miller 81)도 아니다. 하디는 당대의 고달픈 현실을 꿋꿋이 헤쳐 나가는 억압받는 하위 계층인 '노동계급 여성'을 제단 위에 바침으로써 "정의의 심판"(472)을 내린 "신神들의 수장首長이 마침내 테스와 희롱을 끝낸 것이다"(472). 이는 당대 남성 담론인 성의 이분법적인 사고가 잘못됨 것임을 지적하는 것이 되며 기존의 기독교 담론과 성 담론에 의한 결혼은 남성에 의한 여성의 종속화와 식민지화 그리고 억압 체제로서 마땅히 파기되어야 함을 의미한다.

　　이성 간의 결혼과 사랑은 남성성과 여성성이 지닌 특이한 성적 특성의 차이를 상호 이해하고 협조해야 하며 기존의 성적 억압체제보다는 타자의 차이와 거리를 존중하고 관용과 이해로서 조화로운 성적 주체의 모습을 찾아야 한다. 따라서 하디는 『더버빌가家의 테스』를 통해 빅토리아 시대의 현실을 직시하고 비판한다. 테스라는 여주인공이 겪고 있는 경제적, 사회적, 성적 문제의 심각성을 지적하는 데 그치지 않고 여성 하위주체의 인격과 권리에 있어서 평등의 윤리성을 내세우는 동시에 탈식민 담론의 이론적 특성 중의 하나인 성의 양가적 역할의 필요성을 강하게 제기하고 있다. 다시 말하면, 탈식민 담론에서 테스는 당대의 남성주의적 가부장제와 성 이데올로기에 의해 짓밟히고 능욕당하는 수동적 희생자로서의 여성 하위주체가 아니라 당대의 도덕률을 고발하고 비판하면서 가부장제 여성관으로부터 해방을 표출하려고 한 능동적인 탈식민 여성 하위주체를 보여 준 것이다.

이런 점에서 당대의 가부장적인 사회 문화적 지배 구조에서 억압받는 주변부 타자로서 테스라는 여성 하위주체는 당대의 부정적인 비극적 삶의 여주인공이 아니라 현대의 긍정적인 보편적 삶의 주인공으로 거듭 재현되어야 한다.

에인젤이 처제 라이자 루와 함께 손을 잡고 고개를 숙인 채 서로 한 마디도 하지 않고 "힘든 고갯길을 서둘러 올라가는"(470) 그 길은 그들에게 주어진 전지구적 탈식민 여성 하위주체의 정체성을 확립하는 책무가 얼마나 멀고 험난한 길인지를 상징적으로 보여준다. 하지만 그 힘겨운 언덕길 임에도 불구하고 테스의 죽음을 뒤로하고 그들이 "땅에서 일어나 손을 잡고 가던 길을 다시 계속 올라가는"(472) 모습은 새로운 남녀의 성 정체성과 고귀한 여권의 신장을 위한 무언의 약속을 이행하고자 함을 암시한다.

이상과 같이 살펴본 바에 따라 죽음까지의 당대의 테스의 삶을 통해서 볼 때, 알렉과 에인젤과의 불가분적인 사회적 관계에 있음을 알 수 있다. 때문에 당대의 사회의 인습과 제도에 의해서 희생된 사람은 테스뿐만이 아니다. 알렉과 에인젤도 희생자일 수밖에 없다. 그러므로 진정한 테스의 정체성은 알렉과 에인젤을 진정하게 이해할 때만이, 또한 진정한 알렉과 에인젤의 정체성은 테스를 진정하게 이해할 때만이 가능하며 성 정체성에 관한 어느 한 성의 단가적 논의는 불가능하다. 즉 여성과 남성은 각기 상호작용에 의해 상대의 성을 이해하고 성의 다름을 동등하게 인정할 때만이 여성과 남성의 정체성이 확립된다는 인간의 정체성의 영원불멸한 양가적 가치를 우리에게 제시하고 있다.

4

남성 서벌턴 '주드':
『비운의 주드』

앞 장에서 테스를 당대의 가부장제 사회에서의 약자로서 남성으로부터 억압받는 하위주체로 분석했다. 주드Jude는 아라벨라Arabella와 수Sue로 인하여 "한편은 자기 자신의 욕망과 감정 사이, 다른 한편은 육체와 정신 사이, 또 다른 한편은 현실과 이상 사이의 괴리감 때문에 짓눌려 있는 인물이다"(Weinstein 1987, 124). 주드라는 남성은 이런 "세 가지 면에서 억압받는"(Introduction xxi) 약자로서 여성으로부터 좌절과 고통을 겪을 수밖에 없는 비운의 하위주체로 간주할 수 있다. 살디바Ramon Saldivar도 하위주체로서 주드가 겪고 있는 비운의 좌절감은 다음 세 가지의 실패에서 그 근거를 찾아볼 수 있다고 했다. 하나는 "꿈의 실패이고, 또 하나는 결혼의 실패이며, 다른 하나는 원래대로 되돌아가려는 실패"(110)라 지적하며 비운의 주인공 주드를 통해서 이러한 실패가 작품 전반에 거듭하여 일관되게 나타나고 있음을 언급한다.

여성 하위주체에 관한 스피박의 논의를 바탕으로 주드가 남성 하위주체로 평가되는 측면이 있음을 여러 비평가들의 주장을 통해 살펴 볼 수 있다. 버스테인은 "주드는 시간이 흐름에 따라 많은 것을 잃게 되며 비극적으로 전락하게 된다"(Burstein 23)고 했고, 이글턴은 "주드는 사회적 구조에서 점차 파멸되어 가는 계층"(Eagleton 62)으로 보았으며 페이지는 "주드는 서로 상반적으로 나타나는 두 가지 이유에서 비운의 운명의 주인공일 수밖에 없다. 하나는 성적 충동이고, 다른 하나는 크라이스트민스터에 대한 환상에서 비롯된다"(Page 79)고 말하였다.

『비운의 주드』의 배경은 개인의 삶에 무관심한 삭막한 도시로서 뿌리

남성 서벌턴 '주드': 『비운의 주드』

없이 떠돌며 좌절하는 주드 자신의 비극적 삶과 연관됨을 암시한다. 『더버빌가家의 테스』의 배경이 공동체적 삶이 토대가 되는 농촌으로서 테스 자신의 비극적 삶과 내적 성장에 밀접한 연관을 맺고 있는 것과는 사뭇 다르다. 이렇게 여성 주인공 테스를 다룬 『더버빌가家의 테스』에서의 하위주체와는 달리 상반된 배경과 내용으로 남성 하위주체로서의 주드를 다루고 있다고 보겠다. 이것은 남성 주인공 주드의 삶이 자신이 생각하는 이상과 도시 사회의 관습에 차례로 부딪히면서 당대 사회의 냉혹한 원리와 더불어 여성에 의해 거듭되는 처절한 좌절과 불행한 삶을 사는 비운의 주체이기 때문이다.

주드를 불행한 삶으로 이끈 하위주체로서의 모습은 결혼, 성 등에서 자신들의 주체성을 찾고자 노력하는 강인한 여성들 즉 인간 사회의 법률이나 인습, 제약과 편견에 능동적으로 대항하는 여성 주인공들의 의지에 의해서 휘둘려가는 타자로서의 수동적인 삶으로 그려진다. 주드 주변의 인물인 이런 여성들은 신여성 주체로서 묘사된다. 아라벨라는 성적으로 자유로운 생활을 하며 수 역시 당당하고 자신의 직업을 가지면서 관습적인 결혼에 대항하는 모습으로 등장한다.

빅토리아 시대의 전통적인 여성의 삶과는 다른 새로운 주체로서의 신여성의 삶은 산업사회에서 가정과 사회 양쪽의 역할을 수행해 나가면서 경제적인 측면에서 가족을 지탱하였고 산업화에 따른 여성의 노동력이 증대함에 비례해서 여성들의 사회적 가치는 더욱 증대 될 수밖에 없었다. 하디는 이들 여성들의 성정체성이 증대하는 모습을 작품에 담으면서 상대적으로 남성의 성정체성이 혼란에 빠지는 모습을 동시에 작품에 담는다. 또한 하디는 삶을 독립적으로 살아가기를 원하는 여 주인공들이 자기들의 타자인 남성을 삶의 도구적 활용가치로 삼을 수밖에 없었던 것에 초점을 맞추었다.

하디는 당대의 이상적인 여인상을 전복시키려는 의도를 작품 속에 드러내면서 남성의 주체성을 재인식 하게 되었다. 실제로 소설 제목에 남성 주인공 주드를 『비운의 주드』라고 한 것은 남성 하위주체로서의 실존적 의미뿐만 아니라 남성 주체성 확립의 의미까지도 내포하고 있다고 볼 수 있다. 이에 당대의 무비판적으로 받아들였던 기성 사회의 권위와 질서, 가치와 기준 등의 억압기제를 하나씩 깨달아가는 주드라는 남성 주인공의 모습을 통해서 그가 하위주체로 그려지고 있는 양상을 살펴봄으로써 그 의미를 찾고자 한다.

주드는 시골 출신으로서 크라이스트민스터에서 공부하며 신학자로서 성공하겠다는 야심을 품은 순수하고 활력 넘치는 스무 살 젊은이였다. 이런 젊은이가 어느 날 길가에 앉아 있을 때 성적인 본능만을 추구하려는 아라벨라를 만난다. 그 첫 만남의 순간에 갑자기 아라벨라는 돼지의 성기로 날카롭게 주드의 귀를 때린다. 이는 남성이 성적으로 여성의 노리개가 되는 상황으로 아라벨라가 "환유적으로 주드를 강간하려는"(윤천기 210) 행위와 다름없다.

그녀는 돼지 도살업지의 딸로서 한 때 선술집에서 여종업원으로 일하적이 있는 자신의 생안나 육욕만을 생각하는 사려 깊지 못한 여인이다. 주드는 이러한 이기적인 육체적 사랑만을 추구하려는 아라벨라와 만나게 됨으로써 잠시 눈이 멀어 학문의 열정을 잃게 된다. 이로 인해 주드는 인생의 첫 단계부터 자신의 학문적인 성취에 대한 꿈을 접을 수밖에 없게 된다. 이는

남성 서벌턴 '주드': 『비운의 주드』

주드가 처음 아라벨라를 본 느낌을 서술한 다음 대목에서 분명하게 드러나
고 있다.

주드가 말을 건 여자는 아주 까만-눈을 지녔다. 꼭 잘 생긴 얼굴이라고는
할 수 없으나, 약간 떨어져서 보면 피부와 성격이 거칠어 보이긴 해도 그
런대로 끌릴 만한 매력을 지닌 외모였다. 그녀는 얼굴이 통통하고 풍만
한 젖가슴과 두툼한 입술, 가지런한 치아를 지녔으며 안색은 코친 種種
암탉의 달걀처럼 윤기가 넘쳐흘렀다. 그녀는 완벽했고 성적으로 요염한
암컷이었으며 — 그 이상도 그 이하도 아닌 여인이다. 그렇지만 주드는
자기의 마음속에 부글거리는 학문에 대한 자신의 꿈을 상실하게 하고 주
변의 일에 관심을 끌도록 만든 장본인이 바로 이 여인임에 틀림없다고
거의 확신하고 있었다.

She whom he addressed was a fine dark-eyed girl, not exactly
handsome but capable of passing as such at a little distance, despite
some coarseness of skin and fibre. She had a round and prominent
bosom, full lips, perfect teeth, and the rich complexion of a cochin
hen's egg. She was a complete and substantial female animal — no
more, no less; and Jude was almost certain that to her was
attributable the enterprise of attracting his attention from dreams of
the humaner letters to what was simmering in the minds around him.
(33–34)

서벌턴的 시각에서 토마스 하디의 소설과 시 다시 읽기

주드는 아라벨라의 교묘하고 요염한 입짓으로 부드럽고 통통한 뺨에 마치 마술처럼 보조개를 짓는 관능적인 매력에 사로잡힌다. 순진한 주드에게 "학문적인 야망에 대한 첫 번째 중요한 장애물은 아라벨라의 성적 유혹인 것이다"(Lodge 197). 주드는 그녀의 성적 유혹으로 분별력을 잃으면서 새로운 야성적 쾌락의 늪에 빠져든다. 주드는 일요일에 아라벨라를 만난 이후부터는 라틴어나 희랍어 그리고 신약성서에 대한 공부도 안중에 들어오지 않는다. 주드는 겉잡을 수없이 그녀에게 빠져들게 되어 그녀와 오랜 시간을 같이 있으려 한다. 더욱이 주드는 아라벨라의 가짜 임신이라는 속임수에 말려들게 됨으로써 그의 학문적으로 고귀한 정신적인 인생은 엄청나게 억센 강압적인 팔의 힘에 의해서 불길하고 저속한 나락으로 떠밀려 비극적인 인생이 시작된다.

엄청나게 억센 근육질의 힘을 지닌 강압적인 팔이 그를 신체적으로 사로잡았다. 그 팔의 힘은 지금까지 그를 움직였던 정신력과 감화력 같은 것과는 아무런 관련도 없는 힘이었다. 그 팔은 그의 이성과 의지에 전혀 관심이 없는 듯했다. 이른바 그의 고매한 의도와는 아무 관계가 없는 것처럼 보였으며, 마치 폭력적인 선생이 학생의 목덜미를 움켜잡고 끌고 가는 듯 했다. 그 팔은 그가 존경하지 않는, 그리고 그녀와는 같은 고장에 산다는 것 이외에는 아무런 상관노 없는 한 여인의 가슴으로 자신을 떠밀고 가는 것이었다.

A compelling arm of extraordinary muscular power seized hold of him.

something which had nothing in common with the spirits and influences that had moved him hitherto. This seemed to care little for his reason and his will, nothing for his so-called elevated intentions, and moved him along, as a violent schoolmaster a schoolboy he has seized by the collar, in a direction which tended towards the embrace of a woman for whom he had no respect and whose life had nothing in common with his own except locality. (38-39)

주드는 시골 처녀 아라벨라와 이렇게 만남으로써 거짓된 유혹에 빠져들게 되면서 자신의 이성과 의지와는 상관없이 마치 "선생이 학생의 목덜미를 움켜잡고 끌고 가는" 것처럼 질질 끌려간다. 이러한 모습은 주드가 의도하지 않음에도 어쩔 수 없이 전혀 생각하지 못한 비극적인 방향으로 삶이 전개됨을 예고한다. 주위 사람들도 이런 주드의 모습에 안타까워한다. 아라벨라가 차를 마시고 싶다고 해서 두 사람이 들른 선술집에서 여종업원이 주드를 알아보고서 유난히 장래가 촉망되던 학생이었는데 아라벨라와 어울려 다니면서 망치게 되었다고 여주인에게 속삭이는 말에서 아라벨라에 의해 점차 어두워져 가리라는 주드의 장래에 대한 암시가 있음을 알 수 있다. 이는 곧 주드가 아라벨라라는 여성에 의해 수동적으로 여자의 품에 이끌리어 능동적 주체의 삶을 이끌어 가지 못하는 하위주체 삶을 살아가게 됨을 보여준다. 주드는 이처럼 아라벨라에 사로잡혀서 학자나 교수가 되려고 노력하는 것 보다 이 여자를 사랑하는 것이 더 낫다고 생각한다.

서벌턴的 시각에서 토마스 하디의 소설과 시 다시 읽기

대학을 졸업하고 성직자가 되려는 것 보다는 또 교황이 되려는 것보다도
한 여인을 이토록 사랑하는 게 더 나으리라.

It was better to love a woman than to be a graduate, or parson; ay,
or a pope. (43)

주드는 아라벨라의 성적 유혹에 의해 이성적 사고와 판단력이 흐려지
면서 학구적인 열정보다 그녀에 대한 육체적 욕망이 더욱 강렬해 진다. 하지
만 이에 아랑곳없이 아라벨라는 자기 친구인 애니Anny에게 주드를 자기 사
람으로 만들겠다고 말한다. 다음 대화에서도 알 수 있듯이 성적으로 적극적
인 아라벨라에 의해 수동적으로 종속되어 가는 나약한 주드의 모습을 볼 수
있다.

"그 사람 날 반하도록 꼬셔야만 한다고; 그렇지! 그러나 난 반하게 하
는 것 이상을 원해. 날 가졌으면 좋겠어. 결혼을 해줬으면 해. 나는 그 남
자를 차지해야 한다고. 그 남자 없인 난 못살아. 그 남자는 내가 고대하
며 찾던 사람이야. 날 송두리째 그 남자에게 주지 않으면 미쳐버릴 거야!
나는 그 남잘 처음 보자마자 그렇게 해야 한다고 느꼈어!"
"사랑스럽고 솔직 담백한 남자인데, 남편감으로 놓치지 말아야지. 그
를 낚는 방법을 알기만 하면 말이야."

'I've got him to care for me; yes! But I want him to more than
care for me; I want him to have me; to marry me! I must have him.

95

I can't do without him. He's the sort of man I long for. I shall go mad if I can't give myself to him altogether! I felt I should when I first saw him!'

'As he is a romancing, straightfor'ard, honest chap, he's to be had and as a husband, if you set about catching him in the right way.' (44)

아라벨라는 이렇게 주드를 마치 성적인 사냥감으로 생각하며 "남편감"으로 놓치지 않으려 한다. 그녀는 음흉한 수단으로 점차 주드를 사로잡아 가고 있다. 이는 "날 송두리째 그 남자에게 주지 않으면 미쳐버릴 거야!"라는 아라벨라의 적극적인 성적 의지가 담긴 말에서 알 수 있다. 아라벨라의 이런 능동적이고 강인한 여성의 모습은 "여성의 사회적 위치가 외부세계가 아닌 가정에 국한되어 남자의 시종으로"(Altick 54) 엄격하게 통제받는 수동적인 존재로 간주되던 빅토리아 시대에서 남성 중심의 성적 담론에 대한 여성의 반기라고도 이해하여 볼 수 있다.

그녀는 드레스의 깃을 풀기 시작했다.

"그게 뭐예요?" 그녀의 연인이 물었다.

"달걀이에요. ― 코친 종 달걀이에요. 난 지금 진기한 종을 부화시키려고 하는 중이에요. 어딜 가나 항상 품고 다니지요. 삼 주 정도만 지나면 병아리가 나와요."

"어디다 넣고 다니죠?"

"여기요." 그녀는 젖가슴에 손을 넣어 달걀을 끄집어내었다.

서벌턴的 시각에서 **토마스 하디의 소설과 시 다시 읽기**

She began unfastening the collar of her gown.

'What is it?' said her lover.

'An egg — a cochin's egg. I am hatching a very rare sort. I carry it about everywhere with me, and it will get hatched in less than three weeks.'

'Where do you carry it?'

'Just here.' She put her hand into her bosom and drew out the egg. (50)

위 인용문에서처럼 아라벨라는 드레스 상의의 깃을 풀면서 코친 달걀을 부화시키려고 젖가슴에 품고 다니던 달걀을 자기 가슴에 넣었다 꺼내 보인다. 이러한 행위는 아라벨라가 주드를 성적으로 계속 자극하는 상황으로서 주드로 하여금 아라벨라를 끌어 안아주기를 바라는 유인책이다. 주드가 아라벨라의 성적인 노리개의 대상이 되는 순간임을 상징한다. 이는 당대의 남성중심의 능동적 성 담론에 대한 수동적인 여성 하위주체로서의 테스의 모습과는 확연하게 대조되는 것으로서 여성중심의 능동적 성 담론에 대한 수동적인 남성 하위주체로서의 주드로 이해하여 볼 수 있다. 이와 관련하여 "주드는 아라벨라의 욕망의 희생자이면서, 동시에 자신의 욕망의 희생자이다. 성적인 희생자가 주로 여성이었던 빅토리아조 사회에서 남성을 성적 희생자로 삼은 것은 하디의 대담한 시도로 볼 수 있다"(Casagrande 30, 윤천기 210 재인용).

주드가 아라벨라를 만난 지 2개월이 지난 후 그녀와의 관계를 청산하려고 생각하지만, 아라벨라가 "아직 자기한테 말하지 않은 게 있어요"(51)하며

남성 서벌턴 '주드': 『비운의 주드』

물 흐르듯 눈물을 흘리며 주드에게 '악어의 눈물'과 '임신이라는 무기'로 거짓 증언을 한다. 그녀는 이렇게 주드의 마음과 몸을 사로잡으며 결혼할 수밖에 없는 상황으로 끌고 감으로써 마침내 주드는 학자의 꿈을 버리게 되고 아라벨라와 불행한 결혼을 하게 된다.

『더버빌가家의 테스』에서 테스라는 여성의 성이 당대의 사회적 미끼로 작용하여 결혼이라는 덫에 얽매이게 되지만 『비운의 주드』에서는 역으로 주드라는 남성의 성이 오히려 당대의 사회적 미끼로 작용하여 결혼이라는 덫에 얽매이게 되는 점을 보여준다.

한 여성과 은밀한 관계에 이르게 되면 자기가 한 말과 행위를 지키고 성적 결과를 책임지는 것은 당대의 젊은 청년의 전통적 관행이다. 아라벨라는 이를 이용한 것으로 보인다. 아라벨라가 가장 중요하게 생각하는 것은 진정한 배우자로서의 주드가 아니라 돈벌이 능력이 충분한 남편감 주드로만 보는 것이다. 그녀에게 있어 결혼은 사랑이 아니라 생활 수단일 뿐이고 진실한 정신적 교류보다는 경제적 능력을 갖춘 도구적인 남편감을 얻는 행위에 불과했다.

그녀는 남편감을 얻었다; 이건 중요한 일이다. ─ 돈벌이 능력이 충분한 남편은 차츰 세상 살아가는 게 두려운 줄 알게 될 것이고, 그리되면 저 돈벌이 안 되는 책들을 제쳐놓고 돈 버는 일에만 매달려 나중에는 자기에게 옷과 모자들을 사 줄 수 있을 것임에 틀림없다.

She had gained a husband; that was the thing — a husband with a lot

서벌턴的 시각에서 **토마스 하디**의 소설과 시 다시 읽기

of earning power in him for buying her frocks and hats when he
should begin to get frightened a bit, and stick to his trade, and throw
aside those stupid books for practical undertakings. (52-53)

이처럼 아라벨라는 자신에게 있어 결혼은 성적 욕망과 부의 획득을 채
우는 가치 수단을 보장해 주는 하나의 행위로 생각하기 때문에 결혼을 위한
전략으로 '거짓 임신'이라는 무기를 생각해 내고 자기변명을 주드에게 늘어
놓고 있다.

> "그럼 그거 예정 일이 언제인데 ______?"
> "쉿! 전혀 그런 거 없어."
> "뭐라구!"
> "내가 잘못 짚었을 뿐이야."
>
> 'And when do you expect ______?'
> 'Ssh! Not at all.'
> 'What!'
> 'I was mistaken.' (54)
>
> "너무 성급하게 거짓으로 꾸며댔다고 하지 마! 거짓 극은 아니었어.
> 그저 몰랐을 뿐이야."
>
> 'Don't you be too quick to cry sham! 'Twasn't sham. I didn't

남성 서벌턴 '주드': 『비운의 주드』

know.' (54)

아라벨라는 임신을 그저 몰랐다고 무책임하게 말하면서 발뺌하며 주드를 계속 농락하고 있다. 동시에 주드는 "속임수— 그것도 이중 속임수"(54)로 농락당하고 있다. 이는 농락하는 주체 아라벨라와 농락당하는 하위주체 주드로서의 식민 상황이 된다. 이렇게 주드는 아라벨라의 거짓된 계략에 의해 서서히 파멸되어가는 남성 하위주체로서의 모습을 보인다.

주드는 성적 본능으로 인한 "한때의 불장난이 한 순간의" 약점이 되어 결혼이라는 덫을 씌워 발목이 잡힐 만큼 잘못한 것이 무엇인지를 생각하며 당대의 그런 결혼 제도가 온당치 못함을 깨닫는다. 설령 남자가 정직하지 않더라도 여자 자신에게 그런 거짓 행위를 해서는 안 된다는 말은 주드의 말을 빌린 하디 자신의 말일 수도 있고 당대의 남성의 말일 수도 있다.

"한 때의 불장난이 한 순간으로, 아니 설사 일 년이 걸려서 끝난다 해도. 그러나 그 여파가 오래 계속 된다면, 여자는 남자에게, 만약 그가 진실한 사람이라면, 그런 거짓 올가미를 씌우는 짓을 해서는 안 된다오. 설령 남자가 정직하지 않더라도 여자 자신에게 그래선 안 되오."

'If the weakness of the moment could end with the moment, or even with the year. But when effects stretch so far she should not go and do that which entraps a man if he is honest, or herself if he is otherwise.' (61–62)

이처럼 진실한 사랑이 전제되지 않은 주드와 아벨라와의 거짓 결혼 생활은 불행할 수밖에 없다. 이들에게는 정신적인 공감대도 없고, 애정도 없는 다만 법적인 부부에 불과하기 때문이다. 결혼식 날 아라벨라에게 선물로 주었던 자신의 사진틀을 아라벨라가 "경매에 내놓은 물건 속에 그냥 던져버린 게 분명했다"(67)라는 주드의 주장은 그녀와의 부부 애정이 완전히 죽었음을 암시한다.

애정이 없는 아라벨라와의 불행한 결혼 생활은 잠시 중단되었다. 그 후 이리저리 떠돌았던 삼 년 뒤 어느 날, 주드는 "어둑어둑한 풍경 속을 헤치고 크라이스트민스터를 향해 외로이 걸어가고 있는 모습"(71)으로 나타난다. 이러한 모습은 주드의 결혼 생활이 당대의 현실에서 얼마나 뿌리 내리기 힘든 것임을 보여준다.

주드는 석공으로 일하면서 알프레드스턴Alfredston 하숙집에 있던 날, 드루실라Drusilla 고모를 보러 메리그린Marygreen에 간 적이 있었다. 우연히 거기서 벽난로의 선반 위에 놓여있는 넓은 챙이 달린 모자를 쓴 아리따운 처녀 사진 한 장을 보게 된다. 사진 속의 수는 현대 여성으로서의 면모를 갖추고 있으며 금빛 후광에 싸인 이상적인 여성이었다. 주드는 매우 설레이는 마음으로 수가 일하는 크라이스트민스터의 교회용 상품을 판매하는 가게를 찾아나서고 거기서 책상 뒤에 앉아있는 수를 보게 된다. 그로부터 이삼 주가 지난 뒤 갑자기 수와 마주치는 순간 들떠 있는 주드의 마음은 다음과 같다.

주드가 돌을 들어 올리는 동안 갑자기 사촌이 나타나 팔꿈치가 닿을 지점에 서 있었다. 그녀는 길을 막는 방해물이 옮겨질 때까지 한쪽 다리를

남성 서벌턴 '주드': 『비운의 주드』

구부린 채 잠시 멈추어 선 상태였다. 그녀는 눈물 어린, 그러면서 무어라고 표현할 수 없는 눈으로 주드의 얼굴을 똑바로 쳐다보았다. 날카로움과 부드러움 그리고 그 둘과 함께 신비로움이 섞여 있었다. 아니, 날카로움과 부드러움이 섞여 있는 것처럼 보였다. 그런 눈의 표정은 입술의 표정과 마찬가지로 동행자에게 막 무어라고 말을 해서 그 말이 무심결에 주드의 얼굴까지 전달되는 것 같았다.

All of a sudden, as he lifted, his cousin stood close to his elbow, pausing a moment on the bend of her foot till the obstructing object should have been removed. She looked right into his face with liquid, untranslatable eyes, that combined, or seemed to him to combine keenness with tenderness, and mystery with both, their expression, as well as that of her lips, taking its life from some words just spoken to a companion, and being carried on into his face quite unconsciously. (83)

시골 태생인 주드는 학문과 정치, 경제의 도시인 런던에서 처녀 시절을 보낸 수를 만나는 순간 몸이 떨릴 정도로 황홀하였다. 주드는 자기의 가슴속에 갇혀 있던 고독감과 시로 승화된 크라이스트민스터에 대한 사랑이 자신도 모르게 이 환상의 여인에게로 옮아가게 되면서 점차 사랑에 빠져들게 된다. 아라벨라와의 불행한 결혼을 한 상황에서 사촌인 수와 사랑을 할 경우 혈연관계의 결혼은 비극적 슬픔으로 끝나는 집안의 내력이 있다. 이를 감안할 때 그들의 결혼은 역경으로 다시 반복되어 비극적 슬픔은 비극적 공포로

서벌턴的 시각에서 **토마스** 하디의 소설과 시 다시 읽기

더욱 강화될 수 있음을 의미한다. 그럼에도 불구하고 아내가 있는 자신이 수에게로 향하는 마음은 걷잡을 수 없다. 주드는 수와의 사랑에 대해 "그럴 수야 없다"고 하는 도덕적 윤리에 괴로워하면서도 수에게 빠져드는 것은 불행을 예고하는 유약한 주드의 하위주체 모습으로 보아진다.

"그럴 수야 없지! 아내가 있는 내가 수와 가까이 지내서는 안 되지!" 여전히 수는 자신의 사촌이었다. 아내가 있다는 사실은, 비록 아내의 존재가 이 북반구에 살고 있지 않더라도 어떤 의미에서는 오히려 도움이 될지도 모른다고 생각했다. 그것은 자신이 가지고 있는 온갖 정감 어린 애정을 수의 마음에서 벗어나게 할 것이며 그래서 자신과의 만남이 자유롭고 두려움 없이 지낼 수도 있었다. 그런데도 그는 아내가 있다는 사실 때문에 수가 자유롭고 당당하게 자기를 대한다는 것은 주드에게는 가슴 아픈 일이었다.

'It can't be! I, a man with a wife, must not know her!' Still Sue *was* his own kin, and the fact of his having a wife, even though she *was* not in evidence in this hemisphere, might be a help in one sense. It would put all thought of a tender wish on his part out of Sue's mind, and make her intercourse with him free and fearless. It was with some heartache that he saw how little he cared for the freedom and fearlessness that would result in her from such knowledge. (86)

주드와는 반대로 수는 아내가 있는 사실 때문에 오히려 더욱 자유롭고

남성 서벌턴 '주드': 『비운의 주드』

당당하게 주드를 대한다. 이런 수가 주드에겐 부담으로 작용하였고 더욱 가슴 아픈 일이 될 수밖에 없다. 따라서 주드는 수의 눈에 뜨이지 않고 알려지지 않은 채 그녀를 바라만 볼 수 있는 것으로 만족해야 한다. 하지만, 마음 한 구석에서 싹트기 시작한 수에 대한 간절한 사랑을 누그러뜨리지 못한다. 주드는 자신의 전통적인 관점에서 보면 이런 행위가 불륜이 된다는 사실을 너무나 잘 알고 있다. 평생토록 아라벨라만 사랑하며 살고 다른 여자는 탐하지 말아야 하지만 수와 가까워지고 싶은 욕망을 억누르지 못하는 것은 주드의 인생에 또 다시 불행을 예고하는 것이다.

주드가 수를 간절히 만나고 싶어 하는 감정을 억제하고 있을 때 마침 수가 찾아온다. 하지만 주드는 수보다 스무 살이나 더 나이 든 필로트슨 Phillotson과 결혼 약속을 하였다는 수의 말을 듣고 몹시 충격을 받는다. 주드는 두 사람의 어울리지 않는 결혼을 막지 못하는 자책감과 수와 이룰 수 없는 사랑 때문에 느끼는 끔직한 고통의 심경을 토로한다. 주드는 아라벨라의 남자로서 당대 가부장제도의 결혼이라는 족쇄에 매여 더 이상 수에 대한 사랑도 어찌할 수 없는 하위주체로서의 주드의 모습이라 할 수 있다.

"아, 필로트슨 선생은 수에 비해 너무 나이가 많아. — 너무 늙었어!" 주드는 가망이 없고, 불리한 사랑으로 끔직한 고통의 심경으로 외쳤다.

그는 두 사람의 일에 개입할 수가 없었다. 자신은 아라벨라의 남자가 아닌가? 그는 더 이상 나아 갈 수가 없었고, 크라이스트민스터로 발길을 돌렸다. 한 발짝 한 발짝 떼어 놓은 발걸음은 수와 필로트슨 사이의 길을 가로 막고 있을 이유가 없다고 그에게 말하는 듯 했다.

서벌턴的 시각에서 **토마스 하디의 소설과 시 다시 읽기**

'O, he's too old for her — too old!' cried Jude in all the terrible sickness of hopeless, handicapped love.

He could not interfere. Was he not Arabella's? He was unable to go on further, and retraced his steps towards Christminster. Every tread of his feet seemed to say to him that he must on no account stand in the schoolmaster's way with Sue. (103)

그렇지만 주드는 수의 약혼 사실에도 불구하고 자주 만나며 계속 사랑하는 마음을 키운다. 주드는 자기에게 찾아온 수의 당대의 남성관에 대한 생각을 다음과 같이 듣게 된다.

"그건 우연이었어요. 내 인생은 사람들이 내게 특이하다고 여기는 것에 의해서 전적으로 형성 되었어요. 나는 남성들에 대해서, 남성들의 책에 대해서도 두렵지 않아요. 난 여러 남성들과 잘 어울려 다녔어요. — 특히 그들 중 한 두 사람하고요. — 그들과 거의 같은 성性으로요. 대부분의 여자들이 마치 성교육을 받은 것처럼 — 말하자면 정조를 빼앗기지 말아야지 하는 식으로 생각하지는 않은 것 같아요. 왜냐하면 감각적으로 야수가 아니 — 보통 남자들은 — 낮이나, 밤이나, 집안이든, 집밖이든 여자가 남자를 초대하지 않는 한요. 여자가 눈치로 '좋아요' 라고 말할 때 까지는 남자는 항상 두려워해요. 여자가 그렇게 말하지 않거나 눈짓으로 그걸 암시하지 않는 한 남자는 희롱을 할 수가 없거든요."

'It was by accident. My life has been entirely shaped by what people

남성 서벌턴 '주드': 『비운의 주드』

call a peculiarity in me. I have no fear of men, as such, nor of their books. I have mixed with them — one or two of them particularly — almost as one of their own sex. I mean I have not felt about them as most women are taught to feel — to be on their guard against attacks on their virtue; for no average man — no man short of a sensual savage — will molest a woman by day or night, at home or abroad, unless she invites him. Until she says by a look "Come on" he is always afraid to, and if you never say it, or look it, he never comes.' (141)

"그래요. 우린 함께 자주 만나 돌아다녔어요. — 도보 여행, 독서 여행, 그런 거로요. — 마치 두 남자 친구처럼 붙어 다녔지요."

'Yes. We used to go about together — on walking tours, reading tours, and things of that sort — like two men almost.' (142)

수는 마치 남성인 것처럼 여러 남성들과 어울려 다니고 특히 그들 중 한 두 사람하고는 마치 같은 성性으로 친하게 지낸다. 수의 이러한 신新여성 적인 면모는 기존의 가부장적 결혼이나 남성 중심의 이데올로기에 대한 성 의 개념을 거부하는 행위이다. 이는 당대의 결혼에 대한 관습이나 제도에 대 해서 "여성이 겪는 부당함을 지적하고 남녀 양성이 더욱 공정하고 바람직한 관계를 정립하기 위한 수단"(Fernando 21)으로 작용하여 자유로운 연애와 결 혼을 추구하게 한다. 이러한 "신여성은 교육받은 젊은 여성으로 지적이며 사

서벌턴的 시각에서 토마스 하디의 소설과 시 다시 읽기

고나 도덕 인식이 개방적이기 때문에 결혼과 모성을 여성의 운명이라고 생각하는 관습에 얽매이지 않는 해방된 여성"(Cedric 152)이다.

신여성의 모습을 지닌 수는 여성이 정조를 지키며 남성에게 종속되어야 한다는 전통적인 빅토리아 시대의 여성의 도덕관과는 다른 자유로운 삶을 추구한다. 수의 이런 생각은 당대의 남성의 전유물로서 여성의 성적 자유를 구속하며 억압해왔던 여성성의 해방과 능동적인 성의 표출을 의미함과 동시에 성 관계까지 거부할 권리를 주장한다. 반면에 남성의 성적 활동은 그만큼 제한되며 수동적으로 작용하게 한다. 주드와 수가 플랫폼에서 함께 서 있으며 나눈 다음 대화에서 수의 적극적이고도 능동적인 말에 끌려가는 주드의 수동적인 남성성의 모습을 살펴 볼 수 있다.

> "말해 주고 싶은 게 있어요 — 두 가지를" 기차가 가까이 들어오는 사이 주드가 급하게 말했다. "하나는 따뜻한 — 또 하나는 차가운 거야."
> "오빠" 수가 말했다. "둘 중의 하나는 알고 있어요. 그래서는 안돼요!"
> "뭘?"
> "날 사랑해서는 안 된다는 거예요. 나를 그저 좋아하기만 하세요. — 그 이상은 안돼요!"

> 'I want to tell you something — two things,' he said hurriedly as the train came up. 'One is a warm one — the other a cold one.'
> 'Jude,' she said. 'I know one of them. And you mustn't!'
> 'What?'

'You mustn't love me. You are to like me. — that's all!' (148–149)

"주드 오빠, 나를 사랑하고 싶다면 오빠 마음대로 하세요. 난 괜찮아요. 그래서는 안 된다는 말은 다시는 안할게요."

'*If you want to love me, Jude, you may*: I don't mind at all; and I'll never say again that you mustn't!' (149)

주드가 수동적으로 끌려가는 모습은 수가 "나를 그저 좋아하기만 하세요. 그 이상은 안돼요!"라는 말에서 알 수가 있다. 또 "나를 사랑하고 싶다면 마음대로 하세요"라고 쓴 편지에서도 확인 할 수가 있다. 수는 정해진 사회적 인습에도 이렇게 능동적으로 자신이 '원하지 않는 바'와 '원하는 바'를 자유롭게 표현하고 행동하면서 주드가 이에 수동적으로 따라와 주기를 바란다. 주드는 결혼한 아내가 있었기에 수와의 사랑이 자유로울 수 없었다. 하지만 주드는 이런 사실을 숨기고 수와 사랑의 교감이 이루어진다. 이 순간 주드는 기혼 남자임을 밝히며 죄스러워 한다. 이러한 행위는 당대의 결혼 제도에 대한 관습적 인습과 억압된 사회 통념이 남성의 윤리 의식 속에 잠재되어 있음을 의미한다.

수는 왜 기혼자란 말을 진작 하지 않았냐고 말하지만 한편으로는 나보다 더 예쁜지를 묻는 질투의 속내를 드러내고 있다. 그러면서도 우리는 사촌 간이므로 사촌끼리의 결혼은 나쁘다고 말한다. 이런 이중적인 면이 있는 수는 주드에게 아내가 있음을 알고 마음이 몹시 상한다. 또한 질투심이 생겨

필로트슨과 결혼해 버린다. 결혼은 서로의 사랑을 전제로 행복을 추구해야
하는 행위임에도 불구하고 당대의 결혼제도는 대부분 비극성을 초래하는 수
단이 되어버린다. 하디는 작품의 서문에 붙인 1912년 후기에서 결혼 당사자
중 어느 한쪽에게 잔인한 고통을 주어 불행해진다면 그것은 본질적으로나
도덕적으로나 더 이상 결혼이 아니라고 언급하며 다음과 같이 이 점을 지적
하고 있다.

결혼에 관한 법이 대부분 이야기의 비극성을 밀고 나가는 수단으로 사용
되고 있고, 가정적인 측면에서 일반적인 추세가 디드로의 말대로 민법은
자연법의 한 표현이어야 하는 (약간의 수정이 필요한 말이기는 하지만)
상황 속에서 나는 1895년 이래로 이 나라에서 결혼 문제에 관한 현재의
'팔리지 않고 남아 있는 상품처럼 오염되어 있는 현상'을 가져온 데 대해
책임이 있다는 (어느 유식한 작가가 얼마 전에 지적했듯이) 비난을 받아
왔다. 나는 알지 못한다. 그 당시 나의 견해는, 나의 기억이 정확하다면,
지금도 마찬가지 생각이다. 즉 결혼이 당사자 중 어느 한쪽에게 잔인한
고통이 된다면 — 그것은 본질적으로나 그리고 도덕적으로나 더 이상 결
혼이 아니기 때문에 즉시 해체되어야만 한다는 것이다 —

The marriage laws being used in great part as the tragic machinery of
the tale, and its general drift on the domestic side tending to show
that, in Diderot's words, the civil law should be only the enunciation
of the law of nature (a statement that requires some qualification, by
the way), I have been charged since 1895 with a large responsibility

남성 서벌턴 '주드': 『비운의 주드』

in this country for the present 'shop-soiled' condition of the marriage
theme (as a learned writer   characterized it the other day). I do not
know. My opinion at that time, if I remember rightly, was what it is
now, that a marriage should be dissolvable as soon as it becomes a
cruelty to either of the parties — being then essentially and morally no
marriage — (Preface xlv)

이처럼 하디는 결혼 문제가 "팔리지 않고 남아 있는 상품처럼 오염"되어 있
다고 생각하며 전통적인 가부장적 관점에 입각한 당대의 결혼 제도에 대해
반대하는 입장을 취한다. 이는 당대의 결혼관에 관하여 "즉시 해체되어야만
한다"는 탈식민 담론의 입장에서 결혼제도를 재조명해 보려는 것으로 볼 수
있다.

주드는 가부장적 결혼 생활에 절망감을 느끼고 있는 수를 위해 성직 준
비를 포기하고 신학 책을 불태워 버린다. 주드는 수와의 결혼에서 관습적인
의미를 배제하려고 한다. 즉 한갓 결혼 시장에서 결혼을 흥정하는 물품으로
생각하는 사회적 인습과 일단 결혼하면 어느 한쪽의 전유물로만 존재하게
됨으로써 한쪽의 개성을 상실하게 된다. 이런 모습은 남성에 대해 여성이,
여성에 대해 남성이 하위주체가 되어 가는 모습을 역설적으로 보여주는 당
대 사회의 경직된 틀을 제시한다.

주드는 크라이스트민스터로부터 좋은 일자리의 제안을 받게 되어 다시
그 도시를 들른다. 그 도시에 염증을 느끼고 옛날 들렀던 술집으로 간다. 거
기서 주드는 여급으로 일하고 있는 아라벨라를 만나게 된다. 주드와 아라벨

서벌턴的 시각에서 **토마스** 하디의 소설과 시 다시 읽기

라는 법적으로 부부인 상태이다. 그러나 아라벨라는 다른 남자 카틀렛Cartlett
과 동거해 살고 있다. 이런 상황에서 주드와 아라벨라는 부부로서 잠자리를
같이한다. 이는 당대의 결혼관의 와해를 반영하는 것으로 볼 수 있다. 주드
는 아라벨라가 오스트레일리아에서 또 다시 결혼을 했다는 고백을 듣고 더
이상 할 말을 잃는다. 주드가 불륜이라고 다그쳐도 이런 걸 중요하게 생각하
지도 않고 부끄럽지도 않다는 아라벨라의 말에 정조의 모습은 전연 나타나
있지 않다.

　　“그럼 ‘당신 남편’이라고 술집에서 당신이 그 남자라고 말했던 사람이
그 사람이었소 — 당연히 내가 아니고!”
　　“물론이요. · · · 자 그만 해요.”
　　“더 이상 할 말이 없소!” 주드가 말했다.
　　“당신이 고백한 그 — 불륜 행위 — 에 대해 난 더 이상 할 말이 없어
요!”
　　“흥, 그게 간통이라고! 거기서는 이런 걸 중요하게 생각하지 않아요!
많은 사람들도 그런 짓을 하고요. · · · 그럼, 당신 생각이 그렇다면 그
이에게로 돌아갈게요! 그이는 무척 날 좋아하거든요. 우린 여기 식민지에
서 어떠한 결혼한 부부만큼이나, 존경받는 부부로 부끄럽지 않게 살고
있어요. 당신이 어디 있는지 알게 뭐예요?”

　　‘So in talking of “your husband” to the bar gentleman you meant
him, of course — not me!’
　　‘Of course. · · · Come, don’t fuss about it.’

남성 서벌턴 ‘주드’: 『비운의 주드』

'I have nothing more to say!' replied Jude.

'I have nothing at all to say about the — crime — you've confessed to.'

'Crime! Pooh. They don't think much of such as that over there! Lots of 'em do it. · · · Well, if you take it like that I shall go back to him! He was very fond of me, and we lived honorable enough, and as respectable as any married couple in the Colony! How did I know where you were?' (178)

이처럼 불륜 범죄를 대수롭지 않게 생각하는 아라벨라에게 있어 주드는 성적 욕망과 부의 획득을 채우는 도구적 수단에 불과한 대상이었다. 아라벨라는 자신의 육체를 이용하여 주드를 유혹하면서 주드와 결혼에 이르게 되지만 아라벨라 자신이 보다 안정적인 경제적 기반을 갖게 되지 못하자 주드 곁을 떠나게 된다. 자신의 여유 있는 생활을 보장해 주었던 새 남편 카틀렛 Cartlett이 죽은 뒤에는 다시 주드에게 돌아온다. 하지만 그녀는 자신을 여유롭게 만들어 줄 능력이 되지 않으면 또 다시 떠나 버리는 것이다. 이처럼 기회주의적인 그녀에게 있어 결혼은 사랑이 아니라 생활의 방편이었을 뿐이다. 이런 가운데 주드는 희생양이 되었던 것이다. 아라벨라는 빅토리아의 시대적 관점에서 보았을 때 순결한 여인과 대비되는 불결한 여인으로 볼 수가 있다. 이런 여성은 정신적 추구에 뜻을 둔 남성을 타락시켜 수동적으로 동물적 본능을 쫓도록 만들게 하고 궁극적으로는 파멸에 이르도록 유도한다는 생각이 당대의 사람들에게는 지배적이었다. 이런 점에서 주드는 아라벨라에

서벌턴的 시각에서 **토마스 하디**의 소설과 시 다시 읽기

게 농락당하는 사건이 반복되고 중첩되면서 점차로 비극적인 하위주체 모습으로 전락되어 간다.

또한 수 역시 종래의 관습을 무시하며 육체적 탐욕보다는 정신적 탐욕의 상징으로 주드를 하위주체화 시켜가고 있다고 볼 수 있다. 이 두 여주인공이 성적 욕망의 측면에서는 대조를 이루고 있지만 주드는 아라벨라와 수의 다른 결혼관을 체험함으로써 아라벨라는 육체적으로 주드를, 수는 정신적으로 주드를 불행하게 만들어 가고 있다. 이점에서 또 다른 상반된 성의 이데올로기로 주드는 이중의 혼란과 불행을 겪게 되는 하위주체라 할 수 있다.

"내가 오빠를 좋아하는 것은 여자로서가 아니에요. 오빠와 함께 있는 것은 그 자체가 즐거운 일이에요. 그건 아주 미묘한 즐거움이지요. 난 그 즐거움을 더 끌고 나가 모험을 하고 싶지 않아요 — 그 즐거움을 강렬한 것으로 시도하는 것 말이에요! 난 여자가 남자와 함께 있으면 위험이 따른다는 걸 잘 알아요. 나와 오빠의 관계에서는 오빠의 기쁨 위에 내 소망을 얹을 수 있어 더욱 오빠를 신뢰하게 돼요. 주드 오빠, 이 문제는 더 이상 이야기 하지 마세요!"

'My liking for you is not as some women's perhaps. But it is a delight in being with you, of a supremely delicate kind, and I don't want to go further and risk it by — an attempt to intensify it! I quite realized that, as woman with man, it was a risk to come. But, as *me* with *you*, I resolved to trust you to set my wishes above your gratification.

Don't discuss it further, dear Jude!' (232)

수는 결혼은 어떤 사랑이나 열정보다는 주로 사회적인 체면과 이점으로 이루어진다고 보면서도 이런 것 없이도 결혼할 수 있다는 양면성을 보인다.

"결혼을 하고 싶어 하는 여자는 오빠가 생각하는 것보다는 훨씬 그 수가 적어요. 여자가 결혼을 하는 이유는 사회적 체면이지요. 또 때때로 사회적인 이점이 따르기 마련이지요. ― 그렇지만 난, 체면이나 이점이 없어도 기꺼이 결혼할 수 있어요."

'Fewer women like marriage than you suppose, only they enter into it for the dignity it is assumed to confer, and the social advantages it gains them sometimes ― a dignity and an advantage that I am quite willing to do without.' (250)

그 이듬해 주드와 수는 올드브리컴Aldbrickham에서 함께 살며 교회에서 조각 일로 생계를 꾸려나간다. 그러나 법률적인 결혼으로 형식상의 동거만 허용할 뿐 수는 결혼으로 실질적인 성적 구속을 하는 것은 서로를 불행하게 만든다고 생각한다. 정신적인 사랑을 요구하는 수의 이러한 태도에는 여성의 성을 억제하는 사회적 인습과 사고가 여전히 그녀의 내면세계에 깊게 남아 있음을 보인다. 이에 대해 "수의 성적 본능은 건전하지만 다소 비정상적"(Purdy & Millgate 99)이라고 언급하고 있다. 주드는 자유로운 수를 정신적인 이상이고 우상으로 여기며 자신의 가정생활의 버팀목으로 삼는다. 그러던 어느 날 아라벨라는 주드의 아들이라면서 리틀 파더 타임Little Father Time이라는 아이를 주드와 수에게 보내온다. 수는 이 아이에게 연민을 느끼고 그녀 자신의 아이들의 어머니의 역할 뿐만 아니라 아라벨라의 아들 리틀 파더 타임에게도 어머니의 역할을 하는 든든한 가장의 역할을 하는 모습에서 주드의 남성성은 여성과 뒤바뀐 나약한 가장의 모습을 보인다. 주드는 이런 수와 함께 한동안 즐거운 가정을 꾸려 나간다. 하지만 여러 식구가 딸린 방을 빌려야 하기에 현실적으로 경제적 어려움을 당하게 된다. 이러한 주드의 무능력과 강한 생활력의 부족은 가장으로서 가정에 대한 책임의식이 없다는 것으로 하위주체들의 속성을 보여준다.

주드와 수는 다시 크라이스트민스터로 가는데 세 명의 아이와 임신한 수의 모습을 보고 아무도 방을 빌려주지 않는다. 리틀 파더 타임은 어린아이들은 세상 안에 있는 것보다 밖에 있는 것이 낫다고 말하며 방을 빌려주지 않는 이유는 어린이들이 너무 많은 탓이라고 생각한다. 그래서 어린이는 태어나지 말았어야 했고 원치 않는 어린애들이 태어날 때는 즉시 죽여 버려야 될 거라고 하면서 애늘이 너무 많아서 죽는다는 유서를 남기고 리틀 파더 타임은 수가 낳은 아이 둘을 목매달아 죽이고 자기 자신도 자살을 한다.

다음 날 아침 수는 이 광경을 보고 비통함이 극에 달한다. 꿈과 같은 낙원 속에서 살기를 꿈꾸었던 주드의 가정생활은 자신의 아이들이 죽음으로써 더욱 비극으로 치닫게 된다. 수는 비참한 가정생활의 불행은 하느님이 자기에게 벌을 내린 것으로 생각하고 회개의 표시로 다시 전 남편 필로트슨에게 돌아간다. 주드는 아이들이 죽은 후 떠나는 수를 보며 우리의 결혼은 취소된 것이 아니라며 비참한 절규의 말을 한다. 주드는 수의 결심과 결정에 일방적으로 따라야 만하는 어쩔 수 없는 맹목적인 복종의 모습을 보인다.

> "난 그대를 사랑했고, 당신도 나를 사랑했어요; 우리는 서로 헤어질 수 없어요. 그게 결혼인 것이요. 우리는 여전히 사랑하고 — 나도 당신도 — 이 사실을 알지요. 수! 따라서 우리의 결혼은 취소된 것이 아니요."

> 'I loved you, you loved me; and we closed with each other; and that made the marriage. We still love — you as well as I — I *know* it, Sue. Therefore our marriage is not cancelled.' (348)

수에게 가지 말라고 매달리는 주드의 모습은 남성과 여성이 뒤바뀐 양상을 보이는데 이 점이 곧 주드를 남성 하위주체로 인식하게 만든다. 주드는 부부 생활을 청산하기로 결심하고 필로트슨에게 돌아간 수에 대한 뜨거운 연민을 잊을 수 없다. 그래서 억수같이 퍼붓고 있는 비를 맞으며 그녀를 찾아간다. 이런 주드의 모습은 결정적으로 나약함을 보여 주는 하위주체의 모습이라고 말할 수 있다.

> "가지 마. — 가지 마!" 그는 간청 하였다. "이게 내겐 마지막이야! 집으로 가는 것보다 여기가 덜 소란스러울 것 같았어. 이젠 두 번 다시 오지 않을 거야. 그러니까 비정하게 날 대하지 마. 수, 수! 우리는 문자에 의해

행동하고 있어; 그러나 '문자가 사람을 죽인다.'"

'Don't go — don't go!' he implored. 'This is my last time. I thought it would be less intrusive than to enter your house. And I shall never come again. Don't then be unmerciful. Sue, Sue: we are acting by the letter; and "the letter killeth".' (376)

이 인용문에서처럼 "문자가 사람을 죽인다"는 표현은 주드의 정신적 파멸을 가져오는 것으로서 주드의 학문적 삶이 당대의 관습과 제도에 일방적으로 좌절되는 것을 의미한다. 즉 주드가 추구하는 라틴어와 그리스어 지식에 대한 열정은 오히려 어떤 사회집단에서도 수용될 수 없는 문자의 터널에 갇히게 되었으며 이로 인해 두 여인, 아라벨라와 수에게서 학문적으로 외면당하는 타자의 존재가 되도록 만들었다. 결국 주드가 학문적 영역에서도 열정을 접을 수밖에 없는 점을 보인다. 주드는 그렇게 학문적으로 동경하는 크라이스트민스터로부터도 "제일 먼저 알아주어야 함에도 불구하고 업신여김을 당하고"(308) 있다. 이는 주드가 그토록 추구하는 학문적 성취마저도 이루지 못하고 좌절과 실패를 받아들이고 있다는 점을 반영한다.

　『더버빌가家의 테스』에서 테스가 사회의 주변부 변방의 위치에서 멸시받는 하위주체인 것처럼 『비운의 주드』에서 남성인 주드도 육체적, 정신적, 학문적 주변부에 자리함으로써 외면당하는 하위주체이다. 하지만 주드가 크라이스트민스터를 동경하면서 길을 걸으며 말한 "그렇지만 나는 열심히 살 수 있어"(32)라는 구절은 단순히 하위주체로서 스스로 낮아진 자신의 위치를

인정하며 달래는 자기 위안의 말임과 동시에 자신의 현 위치에서 다시 일어
서려는 탈식민 하위주체로서의 강한 자기 채찍의 말일 수도 있다.

주드는 서로 상반된 성적 취향을 지닌 아라벨라와 수와의 가정생활을
위해 학문적 성취를 위한 열망을 포기하고 가정을 지키기 위해 평범한 가장
으로서의 역할을 다 하려고 노력할 수밖에 없었다. 하지만 학문적 희생과 가
부장적 회귀 그리고 리틀 파더 타임의 죽음으로 인해 주드는 가정의 파탄을
맞이하였고 마침내 죽음으로 생을 마치게 되는 처절한 비극적인 삶을 살았
다.

당대의 가부장적 사회에서 죽음으로 여성의 정체성과 자존심을 찾으려
했던 주인공이 테스였다면, 마찬가지로 죽음으로 자기의 정체성과 자존감을
찾으려 했던 주인공 역시 주드라 할 수 있다. 정치, 경제, 사회 등의 모든 문
화 영역 그 자체는 스스로의 억압구조를 내포하기 때문에 주드의 삶 자체도
이러한 억압구조를 당연히 안고 있을 수밖에 없었다. 주드가 자신을 철저하
게 외면한 크라이스트민스터를 죽음의 장소로 굳이 택하려는 이유는 그곳은
"순교자를 화형한 곳"(364)으로서 이루지 못한 "주드의 꿈을 크라이스트민스
터에서 이루어 보려는"(Saldivar 109) 염원 때문인 것으로 보인다. 주드는 자기
에게 좌절과 불행을 안겨준 무심한 세상에 대해 순교자가 되려는 자기의 꿈
을 이루어 보려는 마지막 몸부림으로 이해된다. 처절했던 하위주체로서의
주드의 삶은 참다운 삶을 향한 진정 뜻있는 몸부림이었다. 주드를 비극의 하
위주체 주인공으로 끌고 간 것이 바로 당대의 비정한 환경과 여성이었음에
도 불구하고 오히려 연속되는 실패와 좌절을 통해서 당대의 가부장적 사회

서벌턴的 시각에서 **토마스 하디의 소설과 시 다시 읽기**

의 모순과 갈등은 다가오는 세대의 사회적 융합과 조화를 일깨우고 있다는 점에서 주드의 신념을 끝까지 지지해 주는 반작용의 역할을 하였고 이로써 주드는 탈식민 하위주체 주인공의 모습으로 거듭나게 하였다. 당대의 사회 모순 속에서 만일 주드의 죽음을 단순한 하위주체의 죽음으로만 보았다면 당대의 비극적 주인공으로만 남아있게 될 것이다. 하지만 주드는 자신이 추구하던 꿈을 사후 미소로 답하고 있다. 주드 "얼굴에 나타난 미소"(396)는 그의 꿈이 먼 훗날 "나보다 더 큰 통찰력을 지닌 사람들에 의해서 실현될 수 있으리라"(317)는 믿음을 우리에게 심어 주는 것이다. 하디는 이 작품을 통해 빅토리아 사회의 체면과 도덕주의에 대응하는 탈식민 담론을 미완의 과제로 남겼고, 또한 당대의 사회와 여성 주체에 대응하는 하위주체 주드를 미완의 주체로 남겼다.

이 작품은 성 문제를 다루는데 있어 음란하고 저속하다는 혹평을 받았으며 도덕성도 문제시 되어 결국 하디는 이 작품을 끝으로 소설쓰기를 포기하였다. 하지만 한 세기가 지난 20세기 후반에 탈식민 담론 비평가들이 젠더의 쟁점이 되는 문제들을 소중하게 논의하고 있음을 감안하면, 하디는 백 년 앞을 예견하고 깊이 고민하고 있었음에 틀림이 없다. 또한 주드가 "우리 시대는 아직 우리의 사랑을 수용하기에는 너무나 깨어있지 못히디"고 말하는 것을 본다면, 그가 꿈꾸는 평범한 행복한 결혼 문화와 인습은 다음 인용문과 같이 오십 년이 지난, 아니면 "백 년이 지난"(276) 이후에라야 가능할지도 모른다.

"우리한테는 가장 좋은 시절, 우리 시대는 아직 우리의 사랑을 수용하기
엔 너무나 깨어있지 못했죠. — 우리의 정신이 맑고, 진리에 대한 사랑이
겁을 모를 때 — 우리의 생각은 50년을 앞선 것이어서 아무 소용이 없었
어요. 그리고 그런 생각들이 부딪쳐 반작용을 초래했고 나에게는 자포자
기와 파멸을 불러왔어요! . . ."

'As for Sue and me when we were at our own best, long ago — when
our minds were clear, and our love of truth fearless — the time was not
ripe for us! Our ideas were fifty years too soon to be any good to us.
And so the resistance they met with brought reaction in her, and
recklessness and ruin on me! · · · ' (388)

소설에 등장하는 각 주체들 주드, 아라벨라, 수는 나름대로 자신의 삶을
추구하는 자유로운 성적 주체로서 미래에 대한 자신의 확고한 성정체성을
확립하고자 노력하는 깨달음의 주체들이다. 당대의 열악한 사회 문화적 체
제 속에서 아라벨라와 수라는 여성들의 주체의식이 강해지면 강해질수록 주
드의 주체 의식도 비례하여 상대적으로 나약해져 가는 하위주체로서의 모습
을 볼 수 있었다. 이러한 모습에서 주드는 두 여성 아라벨라와 수의 서로 다
른 남성 편력에서 깊은 번민과 좌절을 맛보며 서서히 하위주체로서 파멸되
어가야 했다.

아라벨라는 여러 남성과 부부로써 만나고 헤어지면서 이성애적 섹슈얼
리티의 환희와 자유를 마음껏 맛보았고, 수 역시 성적인 억압체제와 싸울 수

서벌턴的 시각에서 **토마스 하디의 소설과 시 다시 읽기**

있는 저항의식을 계속 유지함으로써 이성애적 섹슈얼리티의 자유를 누린다. 이러한 두 여인의 행동은 수동적인 여성의 입장이 아닌 남성과 동등한 입장에서의 능동적인 주체의식의 모습이다. 주드는 그만큼 수동적으로 억압받는 하위주체 의식을 내면화시킨다. 주드는 아라벨라와 수와의 이질적인 성적 체험을 통해서 주드에게 "이성애적 섹슈얼리티는 환희와 기쁨이 아니라 오히려 상실과 부재"(Duvey 53)로 제시되었다. 결국 주드는 비극적 인생으로 죽음을 맞이하는 하위주체 모습으로만 남는다.

비참하게 쓰러져 가는 비극적인 하위주체로서의 주드의 모습은, 주드가 몸져 누워있는 상황에서 더욱 잘 알 수가 있다. 아라벨라가 "젊은 남자를 잡을 수 없으면 늙은 사람이라도 상관없어"(390)라고 하며 아래층에서 빌버트 Vilbert와 애정 행각을 벌인다. 주드에게 축제에 가자고 찾아온 마을 노동자와의 대화에서 남편이 잠을 자고 있다고 거짓말을 하며 다른 남자와 함께 놀러 가려는 다음과 같은 불순한 대화에서 아라벨라의 타락성을 엿볼 수 있고 동시에 외면당하는 주드의 비극적인 하위주체 모습을 볼 수 있다.

"우린 지금 강가로 보트-부딪치기 시합을 보러 가던 중이었어요."

스태그가 말했다. "가는 길에 들러서 남편의 용태가 어떤 가도 물어보고요."

"그인 잘 자고 있어요. 고마워요." 아라벨라가 말했다.

"그거 잘 되었네요. 그건 그렇고, 폴리 부인, 반시간 정도 바람 쐬러 우리하고 함께 가는 게 어때요? 기분 전환도 할 겸에서요."

"가보고 싶네요." 그녀가 말했다. "난 아직 조정-경기 구경을 한 번도

남성 서벌턴 '주드': 『비운의 주드』

못했거든요. 재미있다고 그러던데요."

'We are just going down to the river,' said Stagg, 'to see the boat-bumping. But we've called round on our way to ask how your husband is.'

'He's sleeping nicely, thank you,' said Arabella.

'That's right. Well now, can't you give yourself half-an-hour's relaxation, Mrs. Fawley, and come along with us? 'Twould do you good.'

'I should like to go,' said she. 'I've never seen the boat-racing, and I hear it is good fun.' (393)

아라벨라는 주드의 죽음에 대해서도 아주 곤하게 잠이 들어 여전히 일어나지 못할 거라고 말하며 아내로서 슬퍼하는 기색은커녕 오히려 무시하고 무관심한 모습을 보인다. 남편으로서는 처절한 비애감마저 드는 대목이다.

"과연 당신이 거기 갈 수 있는지 궁금했는데 어서 오세요: 좋은 자리를 차지하려면 서둘러 가야 해요 . . . 주인 양반은 용태가 좀 어떤가요? 아직도 잘 자고 있나요? 물론 억지로 함께 가자는 건 아니니까요. 혹시 _____"

"아 _____ 그래요. 아주 곤하게 잠이 들었어요. 여전히 일어나지 못할 거예요." 그녀가 급히 말했다.

'We wondered if you were coming after all. Come along: we must be quick to get a good place . . . Well, how is he? Sleeping well still ? Of course, we don't want to drag'ee away if_____'

'O yes_____ sleeping quite sound. He won't wake yet,' she said hurriedly. (394)

이처럼 주드는 전체적인 삶을 통해서 볼 때 처음부터 끝까지 "좌절과 환멸 그리고 죽음에 이르는 비극적 하강 곡선"(윤천기 236)의 주인공으로서 임종을 앞 둔 종말까지 아라벨라에게서 더욱 소외되어 비참하게 무너져 가고 있는 하위주체 모습을 보인다.

지금까지 주드는 아라벨라와 수에 의해서 육체적으로, 정신적으로 지속해서 하위주체 되어가는 모습을 살펴볼 수 있었다. 남성들의 타자인 여성들을 통해서 다시 타자가 되는 주드의 일생은 절망과 좌절, 실패로 점철되어 있다. 학자와 성직자가 되겠다는 꿈에서 실패하고 첫 번째 여인 아라벨라와 두 번째 여인 수에게서 남편으로서도 실패하며, 아이들의 아버지로서도 실패한다. 그리고 가정의 가장으로서도 실패한다. 그의 인생 전체가 처음부터 마지막까지 실패와 불행의 연속으로 이루어져 있다. 하지만 『더버빌가家의 테스』에서 여성 정체성을 위해 테스는 죽음을 통해 탈식민 여성 하위주체성을 회복하려 했던 것과 마찬가지로 『비운의 주드』에서는 자본수의 가부장제 사회의 틀과 여성이라는 타자의 굴레와 억압에서 남성 정체성을 위해 주드는 죽음을 통해 탈식민 남성 하위주체성을 회복하려 했다고 하겠다.

테스와 주드의 죽음은 결코 비극적인 죽음일 수 없다. 인간의 깊은 성찰을 위한 긴 침묵일 것이다. 하디는 두 소설을 통해 젠더의 문제는 문화적 상호작용에 의해서 때로는 여성이, 때로는 남성이 서로 교차되어 하위주체 화 되어가는 모습으로 나타난다. 이런 점에서 당대의 주어진 사회 문화적 맥락에서 억압과 지배 구조로 나타나는 주변부 타자인 하위주체의 양상을 탐색하여 보려는 시도는 젠더의 진정한 모습이 과연 무엇인지를 찾는데 있다고 보겠다.

탈식민 과정에서 여성과 남성의 문화적 이미지는 탈식민 담론의 양가적 개념과 동일하다고 보고 문명화 담론에 내재되어 있는 식민 지배 주체의 논리에서 젠더의 한 쪽인 남성은 식민 지배자로 다른 한 쪽인 여성은 피식민 자가 된다. 그러나 도날슨Laura Donaldson은 "여성의 그리고 남성의 성 정체 성의 문화적 이미지는 결코 일관된 것이 아니어서 여성을 피식민자로, 남성을 식민 지배자로 고정시켜서는 안 된다고 주장한다"(6, 김미경 4 재인용). 이런 맥락에서 여성과 남성은 실존적인 시공간에 놓여있는 개별적인 양가적 주체로 존재한다. 그리고 두 주체의 상호 문화적 체험을 통한 자각, 생각, 행동은 자기 주체의 존재와 삶을 형성한다. 여기서 문화는 정신의 표현이며 하위주체는 존재의 방식이다. 이렇게 볼 때, 젠더의 이분법을 해체하고 새로운 주체 개념의 패러다임을 제시해 보려고 한 탈식민주의 논의에서는『더버빌가 家의 테스』의 성 담론은 테스라는 여성 주인공이 기독교 문화와 가부장제에 도전하며 남성의 성에 대응하는 여성 하위주체의 위상을 강조한다. 이와 마찬가지로『비운의 주드』의 성 담론은 주드라는 남성 주인공이 당대의 사회와 여성의 성에 대응하는 남성 하위주체의 위상을 강조한다는 점에서 양가적 하위주체라 할 수 있다.

그러므로 테스라는 여성 하위주체와 주드라는 남성 하위주체 상정은 동일한 맥락에서 양가적 하위주체로 이해되어야 한다. 더 나아가 그들 주인공들의 삶의 문제에만 국한되는 것이 아니라 사회구성원들의 각 주체들에게 은폐되고 비가시화 된 젠더의 문제를 재조명하고 시공을 초월한 진정한 젠더의 문제를 깨우치게 한다. 앞서 테스의 죽음이 우리에게 깊은 '성적 성찰'을 주듯이 주드의 죽음 또한 "우리에게 깊은 '성적 성찰'을 주는 정점"(Weinstein 1987, 134)으로서 현대적인 탈식민 성 정체성의 의미를 부여한다. 따라서 테스와 주드 두 인물 모두 당대의 부정적인 비극적 삶을 살다 간 하위주체의 주인공이 아니라 테스는 '여성의 성적 성찰', 주드는 '남성의 성적 성찰'을 위한 하위주체라는 점에서 현대의 긍정적인 보편적 진리를 제시해 주는 탈식민 하위주체 주인공이다.

이상과 같이 논의한 바에 따라 결하여 본다면 『비운의 주드』의 주드라는 주인공의 죽음까지의 삶을 통해 젠더에 관한 남성 하위주체로 뚫어 그 양상을 살펴본다는 것은 성 정체성의 깊은 성찰이었으며 이러한 성찰을 통해 영원불멸한 진리와 젠더의 '조화'와 '상생'의 의미를 깨닫고자 함이었다고 할 것이다.

남성 서벌턴 '주드': 『비운의 주드』

5

신神 서벌턴 '내재의지':
『시선집』

하디는 『비운의 주드』를 마지막으로 소설 쓰기를 그만두고 시의 세계로 옮아간다. 그는 시가 소설보다 더 훌륭한 문학 장르라고 믿었으며 시인으로서 왕성한 역량을 과시하였다. 그가 시인으로 활동하던 19세기 빅토리아 시대 전반의 기독교인들은 신의 초월성과 그 창조물의 신성을 믿었으며 오직 신만이 세상을 지배하는 유일한 권위를 가진다고 생각했다. 그들의 기독교 신앙에 따르면 신의 형상을 지닌 인간은 우주의 중심으로서 세상과 자연은 그러한 인간에게 지배를 받고 복종하도록 되어 있었다.

하디는 소년 시절 경건한 기독교의 돈독한 신앙이 생활 방식이었던 시골 공동체에서 신심神心 깊은 기독교인으로서 성직자가 되고자 성경을 깊이 탐독하였고, 교회의 활동을 통해서 문학적 소양을 풍요롭게 하였다. 더욱이 하디는 "종교가 인간의 존엄성, 선함, 그리고 위대함을 고양시키는 인간 삶의 필수 요소"(Florence 1975, 332. 조병화 168 재인용)라 보았다. 이런 것이 시인 혹은 소설가로서 그의 문학적 역량의 바탕이 되어 1,000여 편의 주옥같은 시를 내 놓게 된다.

20세기 후반에 이르러 전통적 기독교 가치관에 대한 회의가 빅토리아조 사람들의 정신에 급속하게 퍼지게 되면서 전통적인 신에 대한 믿음의 상실은 당시대의 많은 지식인들이 공통으로 겪게 되는 체험이 되었다. 하디의 신앙심도 약화되기에 이르러 이 세상은 오직 무심한 우연에 의해 지배될 뿐이라는 생각에 몰두하게 되었으며 이런 사상이 그의 대부분의 시에 반영되어 있다.

당시대 사람들의 신앙심의 위기에 결정적인 영향을 끼친 책들은 라이

신(神) 서벌턴 '내재의자': 『시선집』

엘Charles Lyell의 『지질학 원리』*Principles of Geology*(1830)와 다윈의 『종의 기원』이다. 이것들은 생물학적 과정, 천문학적 공간, 지질학적 시대 배경 그리고 기계적이고 결정론적인 우주 테두리 내에서 인간의 위치를 규정함으로써 당시의 정통적 기독교 가치관이 붕괴된 것이다.

하디는 이런 새로운 과학 기술의 발전과 급진적 사상의 보급으로 전통적 종교관과 사회의 위계질서가 무너지는 당시의 상황에서 허무적이고 절망적인 세계관과 신에 대한 부정적인 입장을 취할 수밖에 없게 된다. 이러한 사고는 하디로 하여금 인간이 고통에 처했을 때 기독교 신앙으로부터 더 이상 도움을 받을 수 없다는 점과 인간이 유전과 환경의 산물이며 인간의 노력에도 불구하고 우주를 지배하는 맹목적이고 무심한 힘에 의해 결정된다는 비극적 운명관을 형성하게 만들었다.

다시 말하면 그는 우주를 지배하고 있는 힘에 의해서 인간을 불가항력적이며 세상에 살고 있는 무기력한 생물로 보았다. 이 때문에 좌절과 패배의 고통을 겪게 되는 인간의 부조리한 상황을 인식하면서 그는 절대적인 기독교적 신의 존재를 의심하기 시작했다. "하디는 맹목적이고 적대적인 우주에 내재한 의지Immanent Will를 신, 운명, 제1원리the ultimate cause, 주재자mover와 자연nature으로 부르면서 신의 존재에 대한 불신을 나타냈다"(김선향 6 재인용). 그런 이유로 인간이 내재의지에 지배를 받는 것이 하나의 불행이며 여기에서 벗어나고자 애쓰지만 벗어나지 못하는 것이 또 하나의 불행이다. 그러므로 이중의 불행에 처해 있는 인간들의 삶을 불쌍하고 아이러닉하며 비극적으로 보는 것이다.

하디는 생生을 '맹목적인 삶의 의지'로 보고 이성은 의지의 시녀이며 생명은 살기 위한 끊임없는 투쟁이다. 악의 술책으로서 고통의 세계일뿐만 아니라 최악의 세계라고 보는 쇼펜하우어Arthur Schopenhauer의 철저한 염세주의 영향을 받아 천상의 신은 인간의 고통과 불행에 대해 아무런 도움이나 위안이 되지 못하며 지극히 냉담한 우주 의지가 세계를 지배한다고 보았다.

따라서 하디는 무책임한 신에 대해 부정적인 입장을 취할 수밖에 없는 상황에서 인간에게 희망과 구원을 줄 수 있는 전통적인 기독교 신의 존재가 과연 있는가에 대한 깊은 회의를 느끼면서 하위주체로서의 신을 인식하고 이를 시에 잘 드러낸다. 다시 말해서 그에게 더 이상 신은 천상에서 인간을 지배하는 권위를 지닌 전지전능한 위상이 아니며 지상에 끌어 내려진 존재가 되었다.

『시선집』에 수록된 하디의 시 15편을 통해서 하디가 그리는 이러한 신이 시속에서 어떻게 나타나며 그 신이 우리 인간과 자연물에 무능력한 신의 하위주체 모습으로 추락되어가고 있는 가를 살펴봄으로써 신 하위주체의 양상을 밝혀보고, 이런 과정에서 우리 인간에게 주는 의미가 무엇인지를 찾아보고자 한다.

인간의 모습보다 더 나약한 하위주체로서의 신의 모습은 「자연의 질문」"Nature's Questioning"에서 잘 보여주고 있다. 인간의 죽음과 크고 작은 비극은 처음부터 모두 차원 높은 의식이 우주에 충만하게 될 때 궁극적으로 우주를 초월하여 외재하는 신에 있는 것이 아니라 우주 안에 존재하는, 즉 '내재의지'의 작용에 의한 것이고 세상 만물의 움직임은 이 힘의 지배 아래 있다고 하는 하디의 생각이 직접적으로 드러나 있는 시다. 이러한 '내재의지'는 "살아있되 의식이 없거나, 의식이 있으나 도덕의식이 없기도 하고, 도덕의식을 갖기 시작하였으나 그 수준이 매우 낮은 모습으로 그려지기도 한다"(Zietlow 123. 조병화 149 재인용). 그래서 하디는 "이상 하군, 정말 이상해"하면서 '내재의지'에 의해서 신의 형상을 거대한 "백치의 신"으로 또 "자동기계"로, "죽어가는 하나님의 살아 있는 유골"로 대치시키고 있다.

이 시에서처럼 신의 권위에 회의를 느낀 하디는 기독교 신앙의 상실로 전통 기독교가 제시한 신에 대한 환상을 더 이상 받아들일 수 없으며 전통적인 기독교의 초월적 신과는 전혀 다른 신의 모습을 보게 된다. 즉 신이 우리들에게 줄 수 있는 것은 사랑도 아니고 더구나 신은 우리를 책임지고 돌보는 자가 더 이상 아님을 깨닫게 된다.

화자는 왜 우리를 아무렇게나 내버려 두고 있는지를 묻는다. 신의 권위가 상실되어 가는 것에 대한 이런 질문에 대해 하디는 "그 답을 나는 모른다네 . . ." 라고 다음과 같이 말하며 더 이상 신이 우리 삶을 다스리고 있지 않는다는 분명한 입장을 취하게 된다.

내 앞에 보이는 새벽, 연못,
들판, 양떼 그리고 홀로 선 나무들,
모두가, 학교에서 벌을 받고 말없이 앉아 있는
아이들처럼 나를 응시하는 것 같네;

. . .

이들에게서 단지 입술만 움직여 나오는 말이 있었으니,
(마치 한 때는 분명한 어조로 말했었지만,
이제는 겨우 숨소리처럼 들리는 듯한 말이)ㅡ
"이상하군, 정말 이상해, 우리가 왜 여기서 이러고 있는 거지!"

"어떤 거대한 '백치의 신'이
만들어 내고 혼합해 내는 힘은 막강하지만,
돌보는 힘은 없어서,
장난삼아 우리를 만든 다음, 이젠 아무렇게나 내버려 둔 건가?"

신(神) 서벌턴 '내재의자': 『시선집』

"아니면, 우리의 고통을 느낄 수 없는
'자동기계'가 우리를 낳은 건가? . . .
아니면, 우리는 두뇌와 눈이 사라진 채
쓰러지며 죽어가는 하나님의 살아 있는 유골인가?"

"아니면 아직은 헤아릴 길 없는
어떤 지고한 '섭리'가 있어,
'성취'가 '버려진 희망'인 우리들을 성큼 넘고서
'선'에게 내몰리는 '악'을 보여주려는 건가?"

이러면서 사물들이 나를 에워쌌고. 그 답을 나는 모른다네. . . .
바람과 비와
대지의 오래된 우울과 고통이
여전히 똑같고, '삶'과 '죽음'이 가까운 이웃이긴 하지만.

 When I look forth at dawning, pool,
Field, flock, and lonely tree,
All seem to gaze at me
Like chastened children sitting silent in a school;

                    . . .

Upon them stirs in lippings mere

서벌턴的 시각에서 **토마스 하디의 소설과 시 다시 읽기**

(As if once clear in call,

But now scarce breathed at all) —

"We wonder, ever wonder, why we find us here!"

"Has some vast Imbecility,

Mighty to build and blend,

But impotent to tend,

Framed us in jest, and left us now to hazardry?"

"Or come we of an Automaton

Unconscious of our pains? . . .

Or are we live remains

Of Godhead dying downwards, brain and eye now gone?"

"Or is it that some high Plan betides,

As yet not understood,

Or Evil stormed by Good,

We the Forlorn Hope over which Achievement strides?"

Thus things around. No answerer I. . . .

Meanwhile the winds, and rains,

And Earth's old glooms and pains

Are still the same, and Life and Death are neighbours nigh.

(*CP*, Wessex Poems 58–59:1–4, 9–28)

신(神) 서벌턴 '내재의자': 『시선집』

신은 조물주로서 피조물을 만들고 혼합했지만 이제는 더 이상 피조물을 보살피지 못한다. 오히려 "장난삼아 우리를 만든 다음" 위험에 빠뜨리는 거대한 "백치의 신"으로 인간의 고통을 의식하지 못하는 "자동기계" 장치에 불과하다. 이런 무능하고 무책임한 신을 품고 있는 우리는 결국 꼭두각시, 허수아비, 앵무새와 다를 바 없다. 그러므로 우리들에게 "삶과 죽음이 가까운 이웃"이 되어 인간의 삶도 다른 생물과 마찬가지로 죽을 것이라는 사실만을 깨달을 뿐이다.

이 시에서 지고한 "섭리", "성취"가 "버려진 희망"이라는 표현은 전지전능한 신이 더 이상 되지 못하고 추락해 가는 존재로서의 신의 하위주체적인 모습이다.

「우연」“Hap”

　하위주체로서의 신에 대한 인식은 또 다른 시 「우연」“Hap”에서 볼 수 있다. 이 시에서는 인간과 신의 대립 구조 속에서 신에 대한 권위 의식을 깊이 고뇌하는 진정한 “인생행로”에 신의 하위주체 모습이 드러나고 있다.

　　어떤 사악한 신이 저 높은 하늘에서
　　“너 고통 받는 자여, 너의 슬픔은 나의 기쁨이요,
　　너의 사랑의 상실은 내 미움의 이득임을 알아라!”
　　라고 내게 외치면서 껄껄대고 웃는다면

　　나는 풀 길 없는 분노에 마음을 굳게 먹고
　　견디며 이를 악물고 죽으리라.
　　나보다 ‘더 힘센 권세가’의 뜻으로 내가 눈물 흘리노톡
　　할당되었다는 것에 반쯤은-안도하며.

　　허나 그렇지는 않다. 어째서 기쁨은 살해당하고,

신(神) 서벌턴 ‘내재의지’: 『시선집』

이미 씨 뿌려진 최선의 희망은 왜 꽃 필 줄 모르는가?
ㅡ '어리석은 우연'이 해와 비를 가로막고
'주사위 던지는 시간'은 기쁨 대신에 신음소리를 던지고. . . .
이 '반 쯤 눈먼 재판관들' 이 내 인생행로에
선뜻 고통과 더불어 축복을 흩뿌려 놓았다.

If but some vengeful god would call to me
From up the sky, and laugh: "Thou suffering thing,
Know that thy sorrow is my ecstasy,
That thy love's loss is my hate's profiting!"

Then would I bear it, clench myself, and die,
Steeled by the sense of ire unmerited;
Half-eased in that a Powerfuller than I
Had willed and meted me the tears I shed.

But not so. How arrives it joy lies slain,
And why unblooms the best hope ever sown?
ㅡ Crass Casualty obstructs the sun and rain,
And dicing Time for gladness casts a moan. . . .
These purblind Doomsters had as readily strown
Blisses about my pilgrimage as pain.

(*CP*, Wessex Poems 7:1—14)

서벌턴的 시각에서 토마스 하디의 소설과 시 다시 읽기

이 시에서 신은 인간에게 "사악하고", "껄껄대며 웃는" 악의적이고 조롱하는 존재로 표현된다. "너의 슬픔"은 "나의 기쁨"으로, "너의 사랑의 상실"은 "내 미움의 이득"으로 대치시킴으로써 인간과 신의 갈등의 문제를 드러내고 있다. 신의 권위를 "우연", "시간", "재판관"들로 대치시키면서 맹목적이고 저항이 불가능한 운명인 내재의지에 의해 지배되고 있음을 나타내고 있다. 이 시에서 인간이 살아가는데 있어 기쁨과 희망은 없고 대신에 "신음 소리"만이 있을 뿐이라고 시인은 말한다. 인간에게 붙은 "어리석은", "주사위 던지는", "반쯤 눈 먼"과 같은 수식어는 인간이 겪어야 하는 고통과 불행이라는 비극적인 운명을 더해 주면서 인간들은 우연과 환경의 노예라는 점을 강조한다. 더 이상 인간의 삶 속에 전통 기독교에서 주장하는 신은 사라진 것이다. 인간의 삶 속에서의 신의 권위 상실이 곧 신의 하위주체로 볼 수 있다.

신(神) 서벌턴 '내재의지': 『시선집』

전통적인 신이 아닌 내재의지에 의해 지배를 받는 세상으로 나오게 될 수밖에 없는 인간들의 운명을 보여주는 시가 「태어나지 않은 존재들」 "The Unborn"이다. 이 시에서 화자는 밤중에 "태어나지 않은 존재들의 동굴"을 방문하면서 태어나기 전에 인간이 꿈꾸어 오는 낙원을 생각한다. 그곳에서 화자는 "가장 아름다운 광경이 있는 곳이지요, 그렇지 않은가요?"라며 반문해 보지만, 인간으로 태어날 사람들과 "말없는 우두머리" 사이의 대화가 이루어지면서 "이 고통스러운 세상에 들어오지 못하도록 할 힘이 자신에게는 없는 것이 고통의 원인이라는 암시"(백원기 2001, 94)는 무력한 신의 모습을 있는 그대로 드러낸다. 인간들이 그리는 것과는 달리 고통스런 삶이 그들을 기다리고 있다는 세상 실정을 알고 있는 신은 "괴로워하며" "한마디의 말도 할 수가 없다." 그리고 저 만큼 "물러나서" "가만히 지켜보는" 모습은 이미 권위를 상실한 나약한 신의 하위주체 모습이다.

　　나는 밤중에 일어나 '태어나지 않은

존재들의 동굴'을 방문했다네,
태어난 후의 삶이 어떤지를 물으려고,
형상들이 몰려들어 나를 에워쌌다네,
도래하는 아침이 서둘러 오도록
말없는 '우두머리'에게 오래도록 기도했던 형상들이.

그들의 눈이 순박한 신뢰로 빛났고,
그들의 어조는 희망에 부풀어 매번 떨렸다네.
"가장 아름다운 광경이 있는 곳이지요, 그렇지 않은가요?
모든 것이 온화하고, 진실하고 정당한,
그리고 어둠은 아예 없는,
순수한 즐거움이 있는 아름다운-곳이지요?"

그들 때문에 내 가슴은 괴로웠다네,
나는 한마디의 말도 할 수가 없었다네,
그러자 그들은 핼쑥한 내 얼굴을 어렴풋이 알아보았다네,
그리고 거기서 연민으로 차마 말 못하고,
진실이 아니라고 말할 수도 없는
세상 소식을 읽어내고 알아차리는 것 같았다네.

그리고 나는 말없이 물러나서
고개를 돌려 그들을 가만히 지켜보았다네,
그러자 그들이 어중이떠중이처럼
앞으로 쫓기듯 허둥-지둥 나왔다네,

신(神) 서벌턴 '내재의자': 『시선집』

그들이 그토록 갈망하던 세상 속으로,
만물에-내재하는 의지에 의해.

I rose at night, and visited
The Cave of the Unborn:
And crowding shapes surrounded me
For tidings of the life to be,
Who long had prayed the silent Head
To haste its advent morn.

Their eyes were lit with artless trust,
Hope thrilled their every tone:
"A scene the loveliest, is it not?
A pure delight, a beauty-spot
Where all is gentle, true and just,
And darkness is unknown?"

My heart was anguished for their sake,
I could not frame a word;
And they descried my sunken face,
And seemed to read therein, and trace
The news that pity would not break,
Nor truth leave unaverred.

서벌턴的 시각에서 토마스 하디의 소설과 시 다시 읽기

And as I silently retired

I turned and watched them still,

And they came helter-skelter out,

Driven forward like a rabble rout

Into the world they had so desired,

By the all-immanent Will.

(*CP*, Pieces Occasional And Various, 268–269:1–24)

　태어나지 않는 존재들은 "만물에-내재하는 의지"에 의해 쫓기는 군중처럼 세상 속으로 "허둥-지둥 나오게" 될 수밖에 없다. 이들은 신에게 오랫동안 기도하며 세상에 보내지기를 기다리고 있다. 하지만 신은 인간의 운명에 관여하지 않고 인간은 이미 태어날 때부터 정해진 방향도 없이 모든 곳에 "내재하는 의지"에 의해 휘둘릴 뿐이다.

　이 점은 "고통으로 가득 찬 세상에 차라리 인간으로 태어나지 않는 것이 나을 것이라는 암시를 해주고 있다"(허정자 170). 이 시는 태어날 인간의 크고 작은 불행한 현실의 삶을 예고한다. 즉 신의 하위주체로서 인식되어지는 세계는 혼돈과 혼란의 세계임을 의미하는 것이다.

신(神) 서벌턴 '내재의자': 『사선집』

만물에 내재하는 힘의 지배 아래 있다는 하디의 생각을 극명하게 보여주는 시는 「둘의 충돌」"The Convergence of the Twain"이다. 이 시는 빙산에 충돌 한 후, 북대서양에서 침몰한 호화 여객선 타이태닉Titanic 호에 관한 내용을 소재로 삼았다. 이 시에서 하디는 냉소적인 시각으로 인간의 허영과 오만을 경멸하면서 내재의지에 의해 휘둘리는 인간의 아이러니컬한 비극적인 상황을 극적으로 보여준다.

I

외진 바다 속에, 그녀를 설계한
인간의 허영과 삶의 오만함에 멀리,
그녀는 조용히 웅크리고 있다.

II

불도마뱀의 불길처럼 타오르던 장작더미들인
강철로 된 선실들이 이제는 차가운 물살을 헤치며

율동적인 조수의 수금으로 변한다.

III

이 화려한 것이 비치도록 되어 있는

거울들 너머로

바다-벌레가 기어간다. ― 괴이하고, 끈적끈적하고, 말없고, 무심한

IV

감각적인 마음을 황홀하게 하도록 설계된

기쁨의 보석들이 빛을 잃고 누워있다,

그 모든 광채가 흐려지고, 거무튀튀해지며, 눈 먼 채로.

V

근처에 흐릿한 야맹증-물고기들이

이 도금한 물체를 응시하며

묻는다: "이 헛된 영광은 어째서 이 밑에 내려 온 거지?"

VI

아, 모든 것을 움직이고 추진하는

'내재의지'가 무심을 가르는

날개가 달린 이 물건을 만들고 있는 동안

. . .

신(神) 서벌턴 '내재의지': 『시선집』

XI

마침내 '세월'의 '실을 잣는 자'가 선포하기를

"지금이다!"라고 말하자, 각자 이 말을 듣고,

절정의 순간이 오고, 동서반구를 깜짝 놀라게 할 때까지는.

I

In a solitude of the sea

Deep from human vanity,

And the Pride of Life that planned her, stilly couches she.

II

Steel chambers, late the pyres

Of her salamandrine fires,

Cold currents thrid, and turn to rhythmic tidal lyres.

III

Over the mirrors meant

To glass the opulent

The sea-worm crawls — grotesque, slimed, dumb, indifferent.

IV

Jewels in joy designed

To ravish the sensuous mind

Lie lightless, all their sparkles bleared and black and blind.

146

V

Dim moon-eyed fishes near

Gaze at the gilded gear

And query: "What does this vain gloriousness down here?"

VI

Well: while was fashioning

This creature of cleaving wing,

The Immanent Will that stirs and urges everything

. . .

XI

Till the Spinner of the Years

Said "Now!" And each one hears,

And consummation comes, and jars two hemispheres.

(*CP*, Lyrics and Reveries 288–289:1–18, 31–33)

이 시에서는 "그녀"와 "불도마뱀", "기쁨의 보석"과 "도도한 불제"는 모두 '타이태닉'으로 형상화되고 있다. 사라진 타이태닉 형상의 운명은 우주 "내재의지"의 운명에 따르는 것으로 "세월의 실을 잣는 자"에 의해 '타이태닉 호 프로젝트' 사업을 계획하고 수행한다. 그러나 이 자는 인간에게 어떤 비극이 일어날 것인지 전혀 관심도 없다. 다만 "필연은 인간에게는 우연이

신(神) 서벌턴 '내재의지': 『시선집』

고, 완성은 인간에게 파괴이며, 탄생은 인간에게는 죽음"(우상균 323)이라는 충돌과 합일은 우주를 지배하는 전지전능한 신의 무관심에서 비롯된다. 만일 신이 있다면 우리 인간에게 이런 불행한 일을 안겨주지 않았으리라는 것이다. 즉 이미 인간을 위한 전능한 신의 권위가 상실되어 신의 섭리가 아닌 내재의지에 의한 것이라는 강한 메시지를 전달하려는 것이다. "세월의 실을 잣는 자"는 내재의지의 다른 이름으로서 신의 하위주체의 양상이다.

하위주체로서의 신에 대한 인식은 자연스럽게 인간이 신이 아닌 우연 즉 맹목적인 내재의지로의 위상을 파악하게 만든다. 맹목적인 내재의지가 인간의 모든 삶에 무자비하게 작용하고 있다는 하디의 기계적, 숙명적 세계관은 다분히 19세기 당시의 시대적인 영향 중 전통적인 신의 존재에 대한 회의로 인한 종교적 신념의 부재로부터 비롯되었다.

당시 다윈의 『종의 기원』은 인간의 삶을 기독교의 창조의 관점에서 진화론과 적자생존의 관점으로 바꾸어 놓음으로써 전통적인 기독교 신앙과 삶의 질서를 와해시켰다. 또한 지질학과 천문학의 발달을 통한 거대하고 무한한 우주 공간과 오랜 지구 역사에 대한 인식은 상대적으로 인간을 왜소하고 보잘 것 없는 존재로 전락시켰다. 인간은 단지 하나의 세포 혹은 기계의 부품에 불과하다는 사고는 인간의 위상과 영혼의 실체 그리고 불멸성에 대한 의문을 제기했으며 신의 존재에 대한 의문으로 이어졌다.

하디는 "종교에 대한 근본적인 입장은 진화와 신학은 타협될 수 없는 것"(Hands 143)이어서 전능한 신이 모든 것을 주관한다는 정통 기독교 중심의 우주관을 더 이상 지니고 있을 수 없었다. "나는 신을 지난 50년 동안 찾아

왔다. 만약 신이 있다면 나는 그를 발견했어야 했다"(Florence 1965, 224 허정자 167 재인용)라고 그가 고백하였듯이 성경이 말하는 창조가 과학적으로 전면 부정되는 상황에서 신의 존재는 단지 환상에 불과하다고 느낀다. 그는 인간들의 생사화복을 지배하는 어떤 인격적인 신이 있는 것이 아니라 우주는 자연법칙, 우연, 환경에 의해 지배되며 그로인해 인간이 우연히 기계적이고 무의식적인 힘의 틈새에 끼이게 되면 고통을 당하는 것이라고 확신한다.

이와 같이 기독교에서 생각하는 전능한 존재인 신이 더 이상 존재하지 않는다는 사실이 하디로 하여금 삶에 대한 비관적 자세를 갖게 하고 시속에서 이러한 문제를 끊임없이 탐구하였다. '신의 존재', '신의 형상', '신의 속성', '신의 역할' 등에 대해 전반적으로 회의를 느끼고 신이 없는 인간 삶에 대한 불안과 고통의 문제들이 그의 시에 끊임없이 제기 되어 있다.

신(神) 서벌턴 '내재의자': 『시선집』

「소들」 "Oxen"

하디의 신의 권위와 존재에 대한 회의적인 태도는 기독교와 관련된 시 「소들」 "Oxen"에서 더욱 잘 나타나 있다. 화자는 크리스마스 전야 밤 열두 시에 소들이 무릎을 꿇는다는 전통에 대하여 과거에는 믿었던 것을 현재는 믿지 않으려 한다. 하지만 그런 전통을 보러 가자고 한다면 가보겠다는 것이다. 이 시의 화자는 세상에서 신에 대한 회의가 가득 차 있지만 마음속으로는 사라져버린 신에 대한 그리움을 나타내고 있다.

크리스마스 전야, 밤 열두 시였다네.
"이제 그들이 모두 무릎을 꿇고 경배를 드린단다."
안락한 벽난로의 꺼져 가는 장작불 옆에
우리가 무리 지어 앉아 있을 때, 노인이 말씀하셨다네.

. . .

요즘 세상에는 그런 동화 같은 이야기를 꾸며 내는 사람이

서벌턴的 시각에서 **토마스 하디의 소설과 시 다시 읽기**

아무도 없겠지만! 하지만, 난 이런 생각이 든다네,
만일 누군가가 크리스마스 전야에,
"가 보자, 황소들이 무릎을 꿇는 걸 보러,

우리 어렸을 적에 자주 가던 저 너머 산골짜기
외로운 옹가 헛간으로"라고 말한다면,
나는 진짜 그럴지도 모른다는 희망에 부풀어
그 사람과 함께 밤길을 가리라는.

Christmas Eve, and twelve of the clock.
"Now they are all on their knees,"
An elder said as we sat in a flock
By the embers in hearthside ease.

      . . .

So fair a fancy few would weave
In these years! Yet, I feel,
If someone said on Christmas Eve,
"Come; see the oxen kneel

In the lonely barton by yonder coomb
Our childhood used to know,"
I should go with him in the gloom,

신(神) 서벌턴 '내재의자': 『사선집』

Hoping it might be so.

(*CP*, Moments of Vision 439:1-4, 9-16)

옛날 영국 시골에 크리스마스 전야 열두 시가 되면 황소들이 예수 강림의 밤, 강림의 시각으로 알고 무릎을 꿇고 예수님께 경배하는 전설이 나온다. 이 시에서 하디는 유년 시절에 의심 없이 받아들였던 기독교 신앙과 성인이 된 현재의 쇠퇴한 신앙을 대조시키고 있다. 과거의 신앙을 회고하는 화자의 어조는 부드럽고 향수에 젖는 모습을 보임으로써 인간과 신의 대립 구조에서 신의 권위가 상실된 현실을 보여 주고 있다.

「생명 탄생 이전과 이후」"Before Life and After"

전통적 신의 권위가 상실되고 신의 존재에 대한 회의라는 주제는 「생명 탄생 이전과 이후」"Before Life and After"에서 보다 깊게 다루어지고 있다. 하디는 이 시에서 "의식이 생겨나기 전"의 세상에서는 "모든 것이 제대로 돌아갔던 때가 있었다"고 말한다. 만약 신이 존재하였다면 "병, 사랑, 상실, 회한, 절망, 가슴앓이" 같은 비극을 가져오는 삶의 불가피한 요소들을 느끼지 않았을 것이라는 하디의 신념을 분명하게 보여준다. 피조물들의 고통에는 관심이 없는 존재로 그려지는 신은 전통적인 기독교의 신과는 극명하게 대조되는 모습이다.

그런 시절이 있었다. ― 우리가 생각할 수 있듯이
그리고 사실 지구의 증거들이 말하듯이
의식이 생겨나기 전
모든 것이 제대로 돌아갔던 때가 있었다.

병, 사랑, 그리고 상실로 고통 받는 사람도 없었고

회한도 절망도 가슴-앓이도 몰랐다
무엇이 깨지든 부딪치든 아무도 신경 쓰지 않았고
만물에 파멸을 가져온들 개의치 않았다.

어떤 것이 죽어도 어느 누구도 슬퍼하지 않았고
어떤 것이 움츠리고 이울더라도 마음 아파하지 않았다.
밝음이 희미해지고, 어둠이 사방에 드리워도
어떤 감각도 고통을 느끼지 못했다.

그러나 감정이라는 질병이 그 싹을 텄고
원초적 정당함이 잘못된 색을 띠기 시작했다.
그 무지의 상태가 회복되기 전까지
얼마나, 얼마나 기다려야 할까?

A time there was — as one may guess
And as, indeed, earth's testimonies tell —
Before the birth of consciousness,
When all went well.

None suffered sickness, love, or loss,
None knew regret, starved hope, or heart-burnings;
None cared whatever crash or cross
Brought wrack to things.

서벌턴的 시각에서 **토마스 하디**의 소설과 시 다시 읽기

If something ceased, no tongue bewailed,

If something winced and waned, no heart was wrung;

If brightness dimmed, and dark prevailed,

No sense was stung.

But the disease of feeling germed,

And primal rightness took the tinct of wrong;

Ere nescience shall be reaffirmed

How long, how long?

(*CP*, Pieces Occasional And Various 260:1-16)

　　화자에게 의식 이전의 세계는 그가 아쉽게 잃어버린 또한 돌아가고 싶은 행복했던 순간으로 나타난다. 마지막 연에서 "얼마나, 얼마나 기다려야 할까?"라 물으며 그 잃어버린 신의 세계로 돌아가기를 갈망한다. 죽은 이후에 돌아가고 싶은 대상이기도 한 아무것도 모르는 이 무의식의 세계는 결국 그가 혹은 인류가 그 상태에서 출발한 낙원과 같은 세상이다. 만물이 파멸된다 해도 개의치 않는 것은 그의 잃어버린 과거의 가치를 회복하고자 하는 표현으로 비쳐진다. 다시 말해 그의 철학이 모든 가치를 인정하지 않는 근본적인 허무주의라기보다는 정시적으로 세상에 대해 품은 기대가 충족되지 못한 신의 존재에 대한 회의의 표현이라고 볼 수 있다. 이 시를 통해서 병, 사랑, 상실, 회한, 절망, 가슴앓이 같은 이러한 모든 감정은 신의 부재로 나오는 감정이다.

이 시 또한 신의 부재와 암울한 신의 특성을 보여주고 있다.

"내가 또 한 해를 끝냈군," 신이 말했다네,

"잿빛, 초록빛, 흰색, 갈색으로 된 한 해를,

나뭇잎을 뗏장 위에 흩뜨리고,

벌레를 흙속에 묻어 봉하고,

마지막 태양을 지도록 하고."

"그런데 그게 무슨 소용이 있단 말입니까?" 내가 말했다네,

"무슨 이유로 당신은 이 형체도 없는 허공으로

우리가 밝고 선 이 지구를 불러낸 것입니까,

전혀 없어야 할 이유가

아흔-아홉 가지는 되는 것 같은데?

그렇다오, 신이시여, 왜 당신은 '이 육신의 틀에

갇혀 신음하는' 우리를 만들었습니까—

혹시 육신 속에 기쁨이 있는지 모르지만,
그런 기쁨을 얻기를 원한 사람은 아무도 없었을 텐데,
혹시 그런 것을 모르고 있었다면!"

그러자 신이 말했다네, "나의 작업은―논리가 없다―
그대는 설명할 수 있을지 모르지만, 나는 설명하지 못한다,
아무런 생각 없이 빚었을 뿐,
내가 빚은 '의식하는 존재'가
왜 그런지 이유를 추궁할 줄은 생각도 못하고.

이상한 일이군, 내 자신이 만들어 낸
하루살이 같은 피조물이
내 안목의 짧음을 보고,
나도 모르는 윤리를 들먹이다니,
내가 그렇게 만든 적도 없는데!"

신은 예전처럼 자기도취에 빠져
지금까지처럼, 기계적으로 일정을 짜더니
새해의 첫날을 열었다네,
그리고 알 수 없는 자신만의 방식으로
작업을 계속했다네.

"I have finished another year," said God,
"In grey, green, white, and brown;

신(神) 서벌턴 '내재의지':『시선집』

I have strewn the leaf upon the sod,

Sealed up the worm within the clod,

And let the last sun down."

"And what's the good of it?" I said,

"What reasons made you call

From formless void this earth we tread,

When nine-and-ninety can be read

Why nought should be at all?

"Yea, Sire; why shaped you us, 'who in

This tabernacle groan' —

If ever a joy be found herein,

Such joy no man had wished to win

If he had never known!"

Then he: "My labours — logicless —

You may explain; not I:

Sense-sealed I have wrought, without a guess

That I evolved a Consciousness

To ask for reasons why.

Strange that ephemeral creatures who

By my own ordering are,

Should see the shortness of my view,

Use ethic tests I never knew,

Or made provision for!"

He sank to raptness as of yore,

And opening New Year's Day

Wove it by rote as theretofore,

And went on working evermore

In his unweeting way.

(*CP*, Pieces Occasional And Various 260-261:1-30)

　　이 시에서는 해마다 신이 하는 일은 인간의 고통을 외면한 채 "내가 또 한 해를 끝냈군,"하면서 그저 습관적으로 우주 전체가 그냥 시간에 따라 잘 돌아가는 지를 살펴보는 일뿐이라는 것이다. 여기서 하디는 다시 한 번 신은 자연에 동력을 제공하는 단순한 기계에 불과한 것이라는 것을 보여 준다. 시인은 "전혀 없어야 할 이유가 아흔-아홉 가지는 되는 것 같은데?" 지구가 창조되어야만 했다는 이유가 하나라도 있다면, 그것을 알고 싶다고 캐묻는다. 그렇지만 신은 인간을 창조한 작업이 아무런 생각 없이 이루어져서 논리가 없고 설명할 수 없다고 한다. 무책임하고 무자비하며 심지어 부도덕한 모습으로 등장한 신은 "왜 당신은 '이 육신의 틀에 갇혀 신음하는' 우리를 만들었습니까"라는 질문을 받고는 "아무런 생각 없이 빚었을 뿐"이라 답변한다.

　　시인은 특히 인간을 "내가 빚은 의식하는 존재"로 여기며 이러한 표현

신(神) 서벌턴 ‘내재의자’: 『시선집』

을 통해 신의 비논리적이고 기계적인 면과 대조시키고 있다. 이는 전통적인 기독교의 신과는 극명하게 대비되는 모습이다. 신은 피조물들의 고통에는 별 관심이 없는 존재로 그려진다. 신은 인간을 "하루살이 같은 피조물"로 취급하고 통찰력의 부족과 윤리의 부재를 비난하는 인간을 괘씸하게 생각하는 정도로 한심스럽기 조차하다. 신은 "안목이 짧고" 자신이 해야 할 윤리도 모른 채 "자기도취에 빠져" "지금까지처럼 기계적으로 일정을 짜더니 새해의 첫날을 연다." 어떤 의미에서는 인간보다 못한 기계적인 신의 모습이다. 이것이 신에 대한 절망적인 인식을 더 깊게 만들었다.

서벌턴的 시각에서 **토마스 하디**의 소설과 시 다시 읽기

신의 존재에 대한 회의가 강하게 나타나면서 신에 대한 무력하고 무능함을 자연의 색조로 비유하고 있는 시가 「중간 색조」("Neutral Tones")이다. 차가운 겨울날 늦은 오후, 사랑의 상처를 이야기하는 「중간 색조」에서는 애인의 변심에 대한 결코 지울 수 없는 내면적이고 추상적인 상처를 외적이고 구체적인 자연에 투사하여 효과적으로 그려낸다.

그 겨울날 우리는 연못가에 서 있었다.
태양은 마치 신의 꾸중을 들은 듯 창백해 보이고,
몇 잎의 가랑잎이 죽어 가는 잔디 위에 깔려 있었다.
— 그것들은 물푸레나무에서 떨어졌고, 잿빛이었다.

나를 바라보는 당신의 눈은 여러해 전의
진저리가 나는 수수께끼를 풀려고 두리번거리는 눈 같았다,
그리고 우리 사이에 몇 마디의 말이 오고갔고,
그럴수록 우리의 사랑은 더 많이 소멸되어 갔다.

당신의 입가에 떠오른 미소는 죽을 힘 만 남긴
겨우 살아남아 있을 정도로 가장 생기 없는 것이었다,
씁쓸하게 싱긋 웃는 웃음이 스쳐갔다.
불길한 새-한마리가 날아오르듯. · · ·

그 이후로 사랑은 기만하는 것이고 부당하게 고통을 주는
뼈아픈 교훈이 내 마음속에 새겨졌다,
당신의 얼굴, 신에게서-저주 받은 태양, 나무 한 그루
그리고 연못 가장자리에 떠 있는 잿빛 낙엽들.

We stood by a pond that winter day,
And the sun was white, as though chidden of God,
And a few leaves lay on the starving sod;
— They had fallen from an ash, and were gray.

Your eyes on me were as eyes that rove
Over tedious riddles of years ago;
And some words played between us to and fro
On which lost the more by our love.

The smile on your mouth was the deadest thing
Alive enough to have strength to die;
And a grin of bitterness swept thereby

서벌턴的 시각에서 **토마스 하디의 소설과 시 다시 읽기**

Like an ominous bird a-wing. . . .

Since then, keen lessons that love deceives,
And wrings with wrong, have shaped to me
Your face, and the God-curst sun, and a tree,
And a pond edged with grayish leaves.

(*CP*, Wessex Poems 9:1–16)

　　번영과 행복을 암시했던 푸르렀던 가랑잎은 물푸레나무에서 떨어져 잿빛 색조로 퇴색되어 있다. 창백한 태양과 떨어진 잿빛 가랑잎은 냉랭하고 쓸쓸한 배경을 더욱 강화시키고 있다. "죽어 가는 잔디 위에 깔려있는" "몇 잎의 가랑잎"들은 사랑이 점차로 소멸되어 가는 것을 의미하며 인생에 대한 절망과 낙담을 상징한다. "당신의 입가에 떠오른 미소가 죽을 힘만 남긴" 것은 인생의 좌절과 사랑의 비극적 종말을 예고하는 듯하다. 그 후로 사랑이 기만이라는 것을 깨닫고 "부당하게 고통을 주는", "뼈아픈 교훈"으로 대치되면서 달콤해야 했던 사랑이 '고통과 죽음'을 안겨주는 비극적 사랑으로 변해 간다. 화자의 실연의 외로움과 아픔, 그리고 죽음을 맞이하는 미묘한 심경을 중간색이라는 애매모호한 분위기로 짜 넣고 있다. "연못가", "죽어 가는 잔디", "물푸레나무", "잿빛 낙엽" 등의 자연물은 자연을 주재하는 신의 능력이 무너졌음을 보여주는 '객관적 상관물'이다.

신(神) 서벌턴 '내재의지': 『시선집』

「태어나지 않은 가난한 아이에게」 "To an Unborn Pauper Child"

인간의 태어남도 자유로이 통제할 수 없는 신의 무능력은 「태어나지 않은 가난한 아이에게」 "To an Unborn Pauper Child"를 통해서도 드러난다.

I

태아의 심장이여, 숨을 쉬지 말고, 소리 없이 생을 끝내라,
그리고 출생의 — 시간이 그대를 손짓하여 부르면
오랜 잠을 자거라.
'운명의 주역들'은
여기 우리 주변에 노고와 불행을 쌓고,
시간의-망령은 우리의 노래 소리를 공포로 바꾼다.

II

들으라, 세상 사람들이 왁자지껄하며 탄식을 하고,
웃음은 멎고, 인사말도 없어진다.
희망은 사라지고

신뢰는 무너져,

애정과 감정은 마비되어 버린다.

그대가 온들 이러한 것을 바로 잡을 수 없는 없다.

III

태내胎內의 혼들이 지상의 행로에 발걸음 하기 전에

나의 말이 그들의 귀에 닿을 수 있다면,

그리고 그대가 태어나든 태어나지 않든

자유로이 택할 수 있다면,

나는 알고 있는 모두를 그대에게 들려주며

물을 텐데. "생을 그렇게 받아들이겠는가?"라고.

IV

부질없는 일! 내가 무엇을 조언해도

통하지 않을 것이다. 그대들의 갇힌 의식에게

예측할 수 없는 인생의 과정을

설명할 수 있는 이 없다.

하늘이 불과 피를 내뿜고 전 인류가 떨더라도

그대는 아무것도 모른 채 이 세상에 태어날 것이다.

I

Breathe not, hid Heart: cease silently,

And though thy birth-hour beckons thee,

Sleep the long sleep:

165

The Doomsters heap

Travails and teens around us here,

And Time-wraiths turn our songsingings to fear.

II

Hark, how the peoples surge and sigh,

And laughters fail, and greetings die:

Hopes dwindle; yea,

Faiths waste away,

Affections and enthusiasms numb;

Thou canst not mend these things if thou dost come.

III

Had I the ear of wombèd souls

Ere their terrestrial chart unrolls,

And thou wert free

To cease, or be,

Then would I tell thee all I know,

And put it to thee: Wilt thou take Life so?

IV

Vain vow! No hint of mine may hence

To theeward fly: to thy locked sense

Explain none can

서벌턴的 시각에서 토마스 하디의 소설과 시 다시 읽기

Life's pending plan:

Thou wilt thy ignorant entry make

Though skies spout fire and blood and nations quake.

(*CP*, Miscellaneous Poems 116–117:1–24)

　이 시에서 "출생의 시간이 그대를 손짓하여 부르면 오랜 잠"을 자라고 한다. 이처럼 가난한 집의 아이는 태어나지 않기를 바란다. "그대가 온들 이러한 것을 바로 잡을 수는 없다"는 시인의 깊은 고뇌를 암시하고 있다. "운명의 주역들"은 "노고와 불행"을 쌓고 "시간의 망령은 우리의 노래 소리를 공포로 바꾼다." 전통적으로 인식되어 있는 신은 모든 인간사를 주재하고 행복을 준다. 그러나 신은 인간에게 불행과 공포를 안긴다. 이것은 전지전능한 신의 능력이 무너졌음을 의미한다. 신에 대한 "신뢰가 무너지고", "애정과 감정은 마비되어 버리는" 것은 신의 무능력으로 인하여 비롯된 인간의 비관적인 삶이며 "태아의 심장"과 "태내의 혼들"은 "태어나든 태어나지 않든" 자유로이 택할 수는 없다는 것으로 세상과 갈등을 겪는 인간의 실제적인 모습이다.

신(神) 서벌턴 '내재의자: 『시선집』

신의 권위 상실과 부재, 그리고 무능은 급기야 니체Friedrich Nietzsche가 말한 기독교적인 신의 존재가 소멸했다는 의미로서 신은 죽었다고 하는 입장으로까지 이어진다. 「여호와의 장례식」 "The Funeral of Jahveh"이라는 제목으로 쓰려고 했던 「신의 장례식」 "God's Funeral"에서는 실제로 신은 죽어 더 이상 살아 남아 있게 할 수 없는 존재로서 화자는 장례식을 치루는 "추도객들과 함께 따라가는" 모습이 전개되고 있다. 여기서 신은 인간이 자신을 투사해서 만들어 낸 존재가 된다. 궁극적으로는 신은 우리가 만들었고 상상했던 것을 우리가 믿는 존재에 불과하다는 것이다. 마치 '인간이 참된 창조자'가 되려면 신이 존재하지 말아야 한다는 니체의 주장과 같은 맥락이다. 이렇게 죽은 신 대신에 "누가 혹은 무엇이 그의 자리를 대신할까?"라고 반문하면서 인간과 자연 그리고 사회에 대한 질서의 주관자인 신이 사라졌음을 주장한다.

III

앞에서-이끌려 가는 나의 흐린 눈에 비치는 그 형상은

처음에는 인간-같다가 곧

이따금은 장엄한 크기의 날개가 달리기도 하는

거대한 크기의 형태 없는 구름의 모습을 하고 있다.

. . .

VI

최근에, 인간이-자신을 투사해 만들어 낸 존재로

우리는 상상하지만, 당신의 구슬픈 소리 살아나게 할까?

어떻게 다시 태어나게 할 수 있을까?

더 이상 살아남아 있게 할 수 없는 존재를.

VII

처음에는 질투심이 많고, 사나운 존재로 만들어 놓고.

세월이 흐름에 따라 우리는 그 존재에게 정의와

상황 때문에 저주받은 사람들에게 축복을 줄 수 있는 의지

그리고 인내와 다양한 자애의 힘을 부여했다.

VIII

그리고 우리들 자신의 초기의 꿈에 속아

위안이 필요해서 우리는 자기기만에 빠지고

우리가 만든 것을 곧 우리의 창조자로 여기고

신(神) 서벌턴 ·내재의자: 『시선집』

우리들이 상상했던 것을 우리는 믿은 것이었다.

. . .

XII

누가 혹은 무엇이 그의 자리를 대신할까?

방랑자들은 심란한 시선들을 어디로 돌리는 걸까?

어떤 고정된 시선은 자기들의 걸음을 재촉하고자

자기들의 목적을 향하여. . .

XIII

내가 보았던 뒤편 누군가에는

모두 믿을 수 없을 만큼 어떤 달콤한 여인들, 젊은이들, 남자들,

이것은 지푸라기와 같은 모조품이야

"이것은 거짓 장례식이야! 아직까지 신은 우리들에게 살아계셔!"

. . .

XVII

그들은 어떤 이는 선하고, 많은 이들은 아주 훌륭한

무리들로 이루어져 있다. . . .

이렇게 멍하게 당혹감을 느끼며 미광과 어둠 사이에서

나는 기계적으로 나머지 추도객들과 함께 따라갔다.

서벌턴的 시각에서 **토마스 하디**의 소설과 시 다시 읽기

III

The fore-borne shape, to my blurred eyes,

At first seemed man-like, and anon to change

To an amorphous cloud of marvellous size,

At times endowed with wings of glorious range.

. . .

VI

O man-projected Figure, of late

Imaged as we, thy knell who shall survive?

Whence came it we were tempted to create

One whom we can no longer keep alive?

VII

Framing him jealous, fierce, at first,

We gave him justice as the ages rolled,

Will to bless those by circumstance accurst,

And longsuffering, and mercies manifold.

VIII

And, tricked by our own early dream

And need of solace, we grew self-deceived,

Our making soon our maker did we deem,

신(神) 서벌턴 '내재의자: 『시선집』

And what we had imagined we believed.

. . .

XII

"And who or what shall fill his place?
Whither will wanderers turn distracted eyes
For some fixed star to stimulate their pace
Towards the goal of their enterprise?" . . .

XIII

Some in the background then I saw,
Sweet women, youths, men, all incredulous,
Who chimed: "This is a counterfeit of straw,
This requiem mockery! Still he lives to us!"

. . .

XVII

And they composed a crowd of whom
Some were right good, and many nigh the best. . . .
Thus dazed and puzzled 'twixt the gleam and gloom
Mechanically I followed with the rest.

(*CP*, Lyrics and Reveries, 307–309:9–12, 21–32, 45–52, 65–68)

하지만 신의 장례식에 참석한 추도객들은 신은 아직까지 우리들에게 살아있어 "이것은 거짓 장례식"이라고 하며 울부짖는다. 화자는 왜 신이 죽은 세상이 되었는지 모른다. 다만 다른 "우리의 창조자"가 나타날 것인지를 생각하면서 "미광과 어둠사이에서" 추도객들을 따라 갈뿐이다. 이 시에서 "인간 같은", "형태 없는 구름의 모습", "질투심이 많고, 사나운 존재"라는 표현은 지상으로 끌어내려진 실추된 신의 이미지를 나타내고 이점이 하위주체로서의 신의 양상이다.

지상으로 끌어내려진 하디의 이와 같은 신에 대한 인식을 몇몇 비평가들은 부정적으로 평가해 왔다. 이를테면 그를 깊은 시름에 잠겨 신성을 모독하는 "시골 무신론자"the village atheist(Gerber 403)라거나 신의 자격을 따지는 "신성 조사역"an advocatus(Gibson 1976, 61)이라고 비난을 하는 가하면, 하디의 신의 이미지는 "실지로는 받아들여 질 수 없는 시적인 상상일 뿐"(Southerworth 894)이라고 비난했다. 제트로우Paul Zietlow도 "하디는 시에서 초도덕적인 신의 개념에 대한 자신의 입장을 표명하고서도 그러한 신을 영락없이 익살스럽게 여기고 있다"(137)고 지적했다. 또한 콜린스Deborah Collins는 하디가 "신이 존재해 주길 바라면서 자신만의 지각의 과정을 통해 신의 형상을 만들어 간다"(24, 허정자 165 재인용)고 주장했다. 그러나 이러한 평가는 하디가 당시대의 우주관과 기독교적 권위의 상실로 인한 당혹스러움과 혼란스러움을 그의 시에 정직하게 담으려 한 점에서 생길 수 있는 비난으로 이해할 필요가 있다.

하디는 하나님은 하늘에 계신다고 읊조리면서 맹목적인 낙천주의로 고

신(神) 서벌턴 '내재의자': 『시선집』

통의 현실을 외면하려고 하지 않았다. 하디는 신이 더 이상 하늘에 있지 않고 만물은 무언가 잘못 되어가고 있음을 주목했다. 그는 신의 부재로 인해 세상에서 나타나는 현실의 불안과 두려움을 회피하거나 외면하지 않고 있는 그대로 냉정하게 바라보았기에 그의 신은 더 이상 완전하지 않고 때로는 희극 배우처럼 때로는 아무런 존재도 아닌 것으로 묘사된 것이다.

하디가 그려내는 신은 전통 기독교에서 내세우는 신이 아니었다. 그의 신은 무책임하고 부도덕하며 인간의 삶에 무심하며 자비도 분별력도 없는 하위주체로서의 신이 있을 뿐이다. 전통적인 신의 개념을 상실한 인간의 삶은 그 만큼 더 허무하고 고통스럽고 절망적이며 맹목적이고 저항이 불가능한 운명에 휘둘릴 뿐이었다. 이러한 인간의 운명에의 극복을 하디는 자애, 즉 인간끼리의 사랑에서 찾으려 했다. 그러므로 신의 하위주체의 양상은 결국에는 인간애를 찾으려는 쪽으로 나아갔다고 보아진다.

서벌턴的 시각에서 **토마스 하디의 소설과 시 다시 읽기**

신의 권위의 상실과 부재, 무능에 따른 절망감을 인간의 자애로 극복하려는 하디의 고뇌를 다음 시에서 찾아 볼 수 있다. 지상의 인간의 영역으로 내려온 신은 인간과 같은 형상으로 창조된다. 이러한 신은 「인간에 대한 호소」"A Plaint to Man"에서 명확하게 드러나고 있다. 이 시에서 신은 도대체 왜 인간이 "나를 그대 자신과 같은 형상으로" 창조하였는가를 묻는다. 신은 인간이 자신에게 부여한 "미덕, 권세, 효용은" "내 스스로 가질 수 있는 것이 아니"라고 하며 창조주인 인간에게 어떤 자애를 품어야 할 필요가 있다고 다음과 같이 답한다.

> 그대가 '시간'의 농굴에서 서서히 나와
> 지리니면서 인지를 하게 되고
> 형체가 없던 진흙에 아름답게 살이 붙으면,
>
> 오, 인간이여, 그대는 무슨 이유로
> 불행하게도 나를 창조하려고 하였는가―

그대 자신과 같은 형상으로 ─ 기도를 하려고?

나의 미덕, 권세, 효용은
모두 나를 만든 이에게 머물러야 하지,
내 스스로 가질 수 있는 것이 아니거늘.

나는 등잣의 어슴푸레한 천에 비치는, 어둠 속의
빛의 형상처럼 희미한 빛으로, 등불을 들고 있는
사람 말고는 그 누구도 생기 있게 할 수 없는 빛인 것을.

그대는 이렇게 말하겠지, "이렇게 억지라도 생각하는 것이
힘겨운 마음을 때로 편하게 한답니다:
인간은 어떤 자애를 품어야 할 필요가 있거든요,

이 비탄의 세계에서 어두운 통로 저 위 어딘가에.
그렇지 않으면, 인간은 자그만 희망도
현혹하지 못하는 큰 불행을 견뎌 낼 수 없답니다."

· · ·

그런데 이제 나는 날마다 작아져 간다네,
나를 머물지 못하게 하는 빛 속에 있는
현자賢者들의, 신을 죽이는 눈 밑에서.

서벌턴的 시각에서 토마스 하디의 소설과 시 다시 읽기

그리하여 내일이면 내 모든 것이 사라지고 말 거라네,
진실을 말하고, 사실을 직시해야 한다네,
더 젊은 시절에 최상으로 직시했던 사실을,

인간의 마음 속 자원에만
의존했던 삶의 사실을,
동포애의 깊은 유대 속에서

활짝 꽃피운 사랑스런 친절을 은총으로 삼고,
계시와 같은 도움을 구하지 말고 아예 알려고 하지도 말고.

When you slowly emerged from the den of Time,
And gained percipience as you grew,
And fleshed you fair out of shapeless slime,

Wherefore, O Man, did there come to you
The unhappy need of creating me —
A form like your own — for praying to?

My virtue, power, utility,
Within my maker must all abide,
Since none in myself can ever be,

One thin as a phasm on a lantern-slide

신(神) 서벌턴 '내재의자' 『시선집』

Shown forth in the dark upon some dim sheet,
And by none but its showman vivified.

"Such a forced device," you may say, is meet
For easing a loaded heart at whiles:
Man needs to conceive of a mercy-seat

Somewhere above the gloomy aisles
Of this wailful world, or he could not bear
The irk no local hope beguiles."

. . .

And now that I dwindle day by day
Beneath the deicide eyes of seers
In a light that will not let me stay,

And to-morrow the whole of me disappears,
The truth should be told, and the fact be faced
That had best been faced in earlier years:

The fact of life with dependence placed
On the human heart's resource alone,
In brotherhood bonded close and graced

With loving-kindness fully blown,

And visioned help unsought, unknown.

(*CP*, Lyrics and Reveries, 306:1–18, 22–32)

우리 인간이 "이 비탄의 세계에서 어두운 통로 저 위 어딘가"에 사랑의 존재를 상상하지 못한다면 "인간은 자그만 희망도 현혹하지 못하는 큰 불행을 견뎌 낼 수 없음"을 인간에게 호소한다. "이제 날마다 작아져 가는" 신이기에 "신을 죽이는 눈 밑에서" "나를 머물지 못하게 하는 빛 속"에 있게 될 것이다. 이 시에서 "신을 죽이는 눈"은 "전통 신학에 도전하는 과학주의, 합리주의의 기운을 시사한다"(백원기 2002, 73). "그리하여 내일이면 내 모든 것이 사라지고 말기에" 시인은 "진실을 말하고", "사실을 직시해야 하며" 보다 나은 세상을 위해 "인간의 마음속 자원에만 의존"하여 "동포애의 깊은 유대 속에서" "활짝 꽃피운 사랑스런 친절을 은총으로" 삼을 것을 역설하고 있다. 따라서 인류를 구제하는 것은 단지 "인간의 마음"과 "동포애"의 "활짝 꽃피운 사랑"에서 생겨날 뿐이지 천상에 있는 신이 아님을 시인은 강조한다.

「망각의 신」 "God-Forgotten"에서 "나는 그런 세상을 만들지 않았어"라고 주장하는 무관심한 신을 통해 지상의 인간의 삶과 동떨어진 신을 강조함으로써 세상을 돌보는 신이 사라졌음을 확인시킨다.

- "그대는 지구라고 했는가? 인간이라고?
내가 창조했다고? 슬픈 운명을 지녔다고?
아냐: 그런 세상을 기억하지 못해,
나는 그런 세상을 만들지 않았어." -

- "The Earth, sayest thou? The Human race?
By Me created? Sad its lot?
Nay: I have no remembrance of such place:
Such world I fashioned not." -

(*CP*, Miscellaneous Poems, 112:5-8)

하디는 더 이상 세상을 돌보는 천상의 신이 사라지고 없다는 부재 인식
으로 신 하위주체에 대한 극복을 인간 자신에게로 돌릴 수밖에 없다고 생각
한 것으로 보이며 결국 이타적 사랑, 즉 인간 서로 간의 사랑을 역설하고 있
다.

「바람에 날려 보낸 언어들」"The Wind Blew Words"

하디는 인간의 사랑을 넘어 자연의 사랑까지 나아간다. 그의 많은 시에
서 나무, 피조물, 짐승 등 자연계의 수난에 대하여 공동체 의식을 느끼고 인
간이 자연을 보호할 책임을 인식한다. 이러한 인식을 폭넓게 표현하고 있는
시는 「바람에 날려 보낸 언어들」"The Wind Blew Words"이다. 하디는 자연에
대해 말할 수 없이 밀려오는 외경에 계속 감동된다. 시인에게 모든 자연은
인간의 동료처럼 다가온다.

바람이 언어들을 하늘로 날려 보냈고
바람은 그 언어들을 내게 보내왔다.
넓은 황혼을 통해: "시선을 들어 보라
이 고통 받는 나무가,
흔들리며 뒤틀릴 때 불평하는 것을.
그것은 그대의 사지이다."

"그렇다, 역시, 주변에 숨는 피조물들—

서벌턴的 시각에서 **토마스 하디**의 소설과 시 다시 읽기

야생의 순하고, 말 못하는 짐승들,
'그렇다, 역시 넘쳐나는 그대의 동료들―
동일한 혹은 판이하거나 기이한 언어를
사용하는― 검고 왜소하고 그리고 갈색의,
그들은 너 자신의 틀의 본질이다.'"

나는 말할 수 없이 밀려오는 외경에
계속 감동되었다
불쌍한 '나'에게서 나는 보았다.
그의 모든 거대한 불안 속에서
죽이고, 파괴하고, 혹은 억압하는
법칙을 스스로-파괴하는 것을.

The wind blew words along the skies,
And these it blew to me
Through the wide dusk: "Lift up your eyes,
Behold this troubled tree,
Complaining as it sways and plies;
It is a limb of thee."

"Yea, too, the creatures sheltering round―
Dumb figures, wild and tame,
Yea, too, thy fellows who abound―
Either of speech the same

신(神) 서벌턴 '내재의지': 『시선집』

Or far and strange — black, dwarfed, and browned,

They are stuff of thy own frame."

I moved on in a surging awe

Of inarticulateness

At the pathetic Me I saw

In all his huge distress,

Making self-slaughter of the law

To kill, break, or suppress.

(*CP*, Moments of Vision, 419:1–18)

시인은 "넓은 황혼을 통해" "바람이 언어들을 하늘로 날려 보냈고 바람은 그 언어들을 내게 보내온" 언어들로 노래하는 것이다. "사람은 누구나 모든 자연의 일부이다"(Bailey 358)라는 생각으로 하디는 우리 인간이 사랑해야 할 대상은 자연으로부터 "고통 받는 나무", "주변에 숨는 피조물들", "말 못하는 짐승들"을 의인화하여 그들의 고통은 바로 "불쌍한 나"에게 있음을 알게 된다. 이러한 인식은 슈바이처의 '생명의 외경사상'이다. 또한 "죽이고, 파괴하고, 혹은 억압하는 법칙"에 따라 자연 선택에 의한 '적자생존'을 바탕으로 하는 진화론과도 일맥상통한다고 볼 수 있다. 이 시에 나타난 "고통 받는 나무"나, "그대의 사지" 그리고 "야생의 순하고, 말 못하는 짐승들"은 "우리의 동료"로서 우리 인간이 사랑해야 할 자연인 것이다.

서벌턴的 시각에서 **토마스 하디의 소설과 시 다시 읽기**

고별의 시 「훗날」"Afterwards" 또한 인간에 대한 사랑뿐 아니라 자연에 대한 사랑을 보여주는 시다. 1917년 시인의 나이 77세에 쓴 이 시에서 하디는 창작 활동으로 한 평생 열정적으로 살아 온 자신의 삶을 뒤돌아보며 후세 사람들에게 염세주의자로 기억되길 바라지 않고, 인간과 자연에 대한 자애의 시인으로 기억되길 바라고 쓴 시다.

'현재'가 나의 떨리는 머무름 뒤로 그 뒷문에 빗장을 걸고,
5월이 그 즐겁고 푸른 나뭇잎을 날개처럼 살랑이며,
갓-짠 명주 같은 섬세한-천을 펼치면, 이웃 사람들은 이렇게 말할까,
"그는 이런 것들을 눈여겨보던 사람이었지?"

땅거미 질 무렵, 눈꺼풀이 소리 없이 깜박이듯, 강로-매가
그늘을 가로질러 바람에 뒤틀린 고지의 가시나무에 내려앉을 때,
그것을 보는 누군가가 이렇게 생각할지 모르지,
"그에게 이것은 낯익은 광경이었을 거야."

나방이 돌아다니는 더운 날 밤의 어둠 속을 내가 지날 때,
고슴도치가 살금살금 잔디밭을 거닐면, 누군가 이렇게 말할지
모르지, "그는 이런 순진한 짐승들이 해를 입지 않기를 바라는
마음으로 애쓰면서도, 도움이 되는 일은 하지 못한 채로, 어느새 떠나갔어."

마침내 내가 영원히 잠들었다는 소식을 듣고 그들은
문가에 서서, 별이 빛나는 겨울 하늘을 바라보다가,
내 얼굴을 다시는 못 볼 그 사람들에게 이런 생각이 떠오를까,
"그는 저 신비를 헤아리는 눈을 가진 사람이었어?"

그리고 어둠 속에서 들려오는 나의 해제의 종소리,
울려 퍼지는 그 소리가 가로지르는 바람에 잠시 멎다가
새로 종을 울린 듯이 다시 일어나는 그 소리를 듣고, 누군가가 이렇게 말
　할까,
"그는 이제 저 소리를 못 들어, 예전에는 저 소리를 귀담아 들었는데?"

When the Present has latched its postern behind my tremulous stay,
And the May month flaps its glad green leaves like wings,
Delicate-filmed as new-spun silk, will the neighbours say,
"He was a man who used to notice such things?"

If it be in the dusk when, like an eyelid's soundless blink,
The dewfall-hawk comes crossing the shades to alight

Upon the wind-warped upland thorn, a gazer may think,
"To him this must have been a familiar sight."

If I pass during some nocturnal blackness, mothy and warm,
When the hedgehog travels furtively over the lawn, One may say,
"He strove that such innocent creatures should come to no harm,
But he could do little for them; and now he is gone."

If, when hearing that I have been stilled at last, they stand at the door,
Watching the full-starred heavens that winter sees,
Will this thought rise on those who will meet my face no more,
"He was one who had an eye for such mysteries?"

And will any say when my bell of quittance is heard in the gloom
And a crossing breeze cuts a pause in its outrollings,
Till they rise again, as they were a new bell's boom,
"He hears it not now, but used to notice such things?"

(*CP*, Finale, 521:1–20)

　하디는 이 시에서 "그 즐겁고 푸른 나뭇잎을 날개처럼 실랑"인다는 묘
사는 마치 날아오르는 한 마리의 새처럼 생동감을 불러일으키고 있다. "5월
의 살랑거림", "푸른 나뭇잎", "갓-짠 명주", "이런 것들을 눈여겨보던 사람"
의 마음은 만물을 사랑하는 생기로 가득 차 있다. 죽음을 유보하는 한 순간

신(神) 서벌턴 '내재의자: 『시선집』

에도 새로운 생명 세계의 '탄생'을 찬미하고 있는 것일지도 모른다. "땅거미 질 무렵", "강로-매", "나방이 돌아다니는 더운 날 밤의 어둠 속"의 구조에서 보여 지듯이, 계절의 변화에 따른 시간의 흐름을 시 전체에 서정적으로 엮어 내고 있다. "매"는 "나방"으로, 다시 "고슴도치"로 행이 이어지며 "어느새 떠나가게" 된다. 생명 세계의 '윤회'와 '소멸'을 의미한다. "마침내 내가 영원히 잠들었다"는 것은 이 세상에 사는 의무감에서 풀려나는 것으로 삶에 대한 나의 "해제의 종소리"로 비유되고 있다. 시인은 생명 세계의 '탄생'과 '윤회'와 '소멸'의 과정에서 "이런 순진한 짐승들이 해를 입지 않기를 바라는 마음"은 인간 간의 사랑에만 멈추지 않고 인간과 자연과의 사랑의 문제에까지 확대하여 만물은 동일하다는 생각으로 심화되었다고 볼 수 있다.

만물이 동일하다는 생각은 「권주가」 "Drinking Song"에서 잘 드러나고 있다. 이 시에서는 탈레스Thales, 다윈 등의 여러 철학자는 인간 역사의 설명을 통해 자연에까지 확장된 이타주의를 주장한다.

> 옛날에 사상이 시작되던 때
> 탈레스가 살았다네:
> 사람들이 말하기를
> 그는 보통 인간이 보지 못하는 엄청난 진리들을 본다고 했네;
> 한순간의 의심할 여지도 없이
> 만물은 인간을 위해
> 만들어진 것 같았네.
>
> 합창
> 그대의 술잔을 가득 채우게, 그렇게 위대한 사상이
> 이제는 별 볼일 없게 되었다고 괴로워하지 말고!

189

지구가 창공에 굳건히 평평하게 서 있었다고 믿었는데,

코페르니쿠스라는 이름의 현자가 나타나

이를 바로 잡았다네.

그가 말하기를, 우리는

지구를 따뜻하게 비추는

태양주위를 구르고 있는

공 같은 구체 위를 걷고 있다고 했네.

· · ·

합창

그대의 술잔을 가득 채우게, 괴로워하지 말고;

이것은 단지 별 볼일 없게 된 하나의 위대한 사상일 뿐이니!

그 다음 다윈은 기이한 주장을 한다,

(비록 그가 조용히

말하고 있지만);

우리 모두는 기어 다니는 생물과 하나이다;

원숭이와 인간은

피를-나눈 형제요,

독침을 가진 뱀 같은 파충류도 마찬가지다.

Once on a time when thought began

Lived Thales: he

Was said to see

Vast truths that mortals seldom can;

It seems without

A moment's doubt

That everything was made for man.

Chorus.

Fill full your cups: feel no distress

That thoughts so great should now be less!

Earth mid the sky stood firm and flat,

He held, till came

A sage by name

Copernicus, and righted that.

We trod, he told,

A globe that rolled

Around a sun it warmed it at.

. . .

Chorus.

Fill full your cups: feel no distress;

'Tis only one great thought the less!

신(神) 서벌턴 '내재의자: 『사선집』

Next this strange message Darwin brings,

(Though saying his way

In a quiet way);

We all are one with creeping things;

And apes and men

Blood-brethren,

And likewise reptile forms with stings.

. . .

(*CP*, Winter Words in Various Moods and Metres, 864-866:1-16, 44-52)

탈레스의 엄청난 진리는 "만물은 인간을 위해 만들어진" 것이라고 하였고 그 다음 다윈은 "원숭이와 인간은 피를 나눈 형제"로서 "우리 모두는 기어 다니는 생물과 하나"라는 '만물동일설'을 주장하고 있다. 천상의 신이 창조한 만물과 인간보다는 지상의 인간이 만든 만물과 인간이라고 간주한다. 따라서 인간과 같다고 본 "원숭이", "독침을 가진 뱀 같은 파충류"도 신의 부재에서의 이타적 사랑의 대상이 되는 것이며 이러한 이타적 만물과 인간에 대한 사랑은 하디 당시의 천상의 신이 외면한 지상의 인간 세계의 도덕적 근원이었다고 보겠다. "궁극적으로 내 생각에 우리와 타자들이 한 몸의 일부인 것처럼"(Florence 1962, 224)에서 알 수 있듯이 하디의 '이타주의'는 만물과 인간에게 동일하게 적용된다. 이런 점에서 깁슨James Gibson은 "모든 생

서벌턴的 시각에서 **토마스 하디의 소설과 시 다시 읽기**

명체에 대한 자애는 하디의 보편성이며, 우리의 유일한 희망은 자애가 모든 사람들에게 확산"(1994, 6)된다고 주장한 것이다.

하디의 자애는 궁극적인 인간의 실천 덕목임을 강조하는 것으로 하위 주체로서 신에 대한 인식으로 생기는 고통에 대한 해결책으로 보아진다. 이 것은 자연과 인간에 대한 사랑이 '이고득락'離苦得樂의 근간이 됨을 강조한 것이라 하겠다. 하디는 이 세상에 태어나는 모든 생명에 대하여 사랑과 동정 의 대상을 우주적 차원으로 승화하여 나아가는 것은 공동 운명체로서의 연 민과 연대의식으로 감싸 안으려는 태도이다. 이는 신이 부재된 인간의 삶의 방향을 자애로 극복하려는 모습인 것이다. 하디의 시를 통해 우리 인간과 세 상을 돌보아야 하는 천상의 신의 부재에 대한 인식으로 신 하위주체로서의 양상을 살펴보고자 한 것은 결과적으로 하디는 "천상의 신에 대한 진지한 통찰 때문에 오히려 지상의 인간에 눈을 돌리게 되었다"(허정자 190 재인용)고 볼 수 있고 천상의 신의 권위의 상실과 부재, 무능에 대한 절망감을 지상의 인 간의 자애로 극복하려 했다는 하디만의 강한 신념을 읽을 수 있다.

이상에서 살펴본 바와 같이 하디 시는 천상의 신에게 의지하기보다는 지상의 인간의 삶을 있는 그대로 받아 들여 인간들끼리 서로 사랑하면서 열 심히 살아야 한다는 '자애'의 메시지를 우리 인간에게 전한다.

6

결론

지금까지 빅토리아 조 자본주의적 가부장제의 생산 양식과 사회 구조 속에서 문화 작용과 얽혀 있는 젠더와 종교 등의 문제를 탈식민 담론의 하위 주체 관점에서 분석하였다. 『더버빌가家의 테스』의 주인공 테스를 여성 하위주체로, 『비운의 주드』의 주인공 주드를 남성 하위주체로, 또한 하디의 시에 나타난 신이 더 이상 인간 위에 군림하는 상위주체가 아닌 지상 아래로 끌어 내려진 신 하위주체로 인식되어지고 있다는 점을 살펴보았다. 이러한 인식의 주된 초점은 작품에 드러나 있는 '억압받거나', '아래에 놓인' 하위주체의 양상을 현대적으로 새로이 복원해 보고자 함이다.

탈식민 담론의 하위주체 관점에서는 젠더들 사이의 차이들을 주목하고 성, 계급, 문화의 지배체계들 속에서 억압기제의 특수성을 바르게 이해하는 것이다. 따라서 하디의 『더버빌가家의 테스』와 『비운의 주드』의 주인공에 대한 하위주체의 양상에 대한 인식을 통해서 여성 테스와 남성 주드의 정체성에 관한 인간의 깊은 성찰과 젠더의 양가적 평등을 위한 깨달음이다. 또한 하디 시에 나타난 신 하위주체의 양상에 대한 인식을 통해서 무분별한 신에 대한 귀의가 아니라 인간과 자연의 깊은 성찰과 자애를 위한 깨달음이다.

첫째, 『더버빌가家의 테스』에서 여주인공 테스는 줄거리 전반을 점유하는 중요한 인물임에도 불구하고 남성들에 의해 억압받는 하위주체 여인으로 나타난다. 남성 중심적 자본주의 가부장제와 성 이데올로기의 상징인 알렉은 여성의 성을 육체적 대상으로만 보아 테스의 몸과 성을 끊임없이 억압하며 구속하고 있다. 에인젤은 테스의 정신적인 남편으로서 테스의 성을 이상적인 관념으로 생각하지만 그 역시 당대의 성 이데올로기에 갇혀 테스의 몸과 성을 정신적으로 억압하고 구속하는 인물이다. 결과적으로 『더버빌가 家의 테스』의 테스에 적용되는 여성과 남성이라는 이분법적인 젠더의 문제는 여성의 순결과 타락, 남성에 대한 사랑과 증오, 자신에 대한 비하와 자존이라는 상반되고 모순된 양상들을 드러내면서 테스를 하위주체로 만들었다. 여주인공 테스와 알렉과 에인젤과의 육체적, 정신적 사랑과 증오의 방출은 남성 중심의 성 이데올로기의 인습에 억눌렸던 여성이라는 젠더의 해방을 암시한다. 더 이상 테스는 남성에 의해 수동적으로 억압받는 식민 여성 하위주체가 아니라 여성성으로 인해 여성성의 가치를 회복시키려는 탈식민 여성 하위주체로서 '여성의 성적 성찰'을 위한 주인공으로 보인다.

둘째, 『비운의 주드』에서는 여성이 남성을 속박하는 주체로서 남성이 피식민 굴레에 갇히게 되며 이를 벗어나려는 남성 하위주체의 모습을 그려내고 있다. 남성 주인공 주드의 삶이 젠더 중심의 이분법적 사고의 관습에서 여주인공인 아라벨라와 수에 차례로 부딪히면서 여성에 의해 거듭되는 처절한 좌절과 불행한 삶을 사는 비운의 하위주체이다. 여성으로서 아라벨라와 수는 성적 쾌락을 추구하게 되지만, 이로 인해 주드는 쾌락의 부재와 고통만이 수반되어 남성 하위주체로 전치되었다. 주드와 아라벨라와의 육체적 사랑과 수와의 정신적 사랑은 남성 중심의 성 이데올로기의 인습으로 오히려 남성을 억누르는 고통으로 바뀌었다. 이런 과정에서 주드는 여성의 희생물의 대상이 되었다.

하디는 당대 자본주의 가부장제 사회의 획일적인 젠더와 이데올로기에 대한 이의를 제기하면서 여성의 비극적 성의 상징인 테스로 하여금 여성의 정체성을 확립해 가는 과정을 구체화하고 있듯이, 남성의 비극적 성의 상징인 주드 또한 마찬가지로 새로운 남성의 정체성을 확립해 가는 과정을 구체화하고 있다. 동시에 주드는 남성성의 가치를 회복시키려는 탈식민 남성 하위주체로서 '남성의 성적 성찰'을 위한 주인공으로 보여진다.

테스와 주드의 삶을 통해서 볼 때, 진정한 여성의 정체성은 남성을 진정하게 이해할 때만이, 또한 진정한 남성의 정체성은 여성을 진정하게 이해할 때만이 가능하며 성 정체성에 관한 어느 한 쪽의 논의는 불가능하다. 즉 여성과 남성은 각기 상호작용에 의해 상대 성을 깊이 이해하고 성의 차이가 아닌 다름을 동등하게 인정할 때만이 여성과 남성의 정체성이 확립된다는 점에서 성 정체성의 영원불멸한 보편적 진리와 젠더의 조화와 상생의 대명제를 일깨워 준다. 더불어 당대 자본주의의 가부장제 사회에서 비가시화 되고 은폐된 여성과 남성에 관한 젠더 문제를 재조명하려는 작업은 비단 그들의 문제뿐만 아니라 사회체제와 혼융된 문제이기도 하므로 젠더와 사회체제의 융합을 주창한 탈시대적 하위주체의 위상을 성찰해 본 기회가 되었다.

셋째, 하디의 시에서도 하위주체 양상을 살펴볼 수 있었다. 그는 시에서 인간에게 희망과 구원을 줄 수 있는 당대의 전통적인 초월적인 기독교 신의 존재에 대해 깊이 탐구한다. 그가 그려내는 인간의 삶에 대한 무심한 신의 모습은 전통적인 기독교 신관을 뒤집고 있다. 더 나아가 그는 신이 있다면 신은 과연 어떠한 모습을 하고 있는지를 진솔하게 그리고 있다. 다시 말해서 초월적인 신이 존재해 주길 바라면서도 동시에 자신만의 지각의 과정을 통해 지상으로 끌어내려진 하위주체로서의 신을 그리고 있다. 하위주체로서의 신의 인식은 무분별하고 무책임하게 신에게 의지하기 보다는 있는 그대로의 인간의 삶을 받아 들여 인간들끼리 사랑하면서 열심히 살아야 한다는 결론을 낳게 한다. 따라서 하디는 신의 구원보다는 인간 자신의 구원이 필요하다는 것을 표현하려고 했던 점으로 보인다. 결국 하디는 시를 통해 인간과 자연에 대한 자애와 사랑을 주장하기에 이른 것이다.

이처럼 하디 시는 신의 하위주체 양상을 끊임없이 탐색한 작품이며 하디는 '인간과 신의 성찰'을 통해서 '인간'과 '신'과 '자아'를 탈시대적으로 승화시킨 20세기 시대적 전환기의 시인으로 보인다.

젠더와 신의 영역에 관한 탈식민 담론이 제기하는 중요한 요점은 기존 사회의 기저에 있는 이분법적인 사고를 극복하고 양가적 평등성을 이룩하고자 하는 것이다. 억압받거나 아래에 놓인 불행한 존재들의 삶에 대한 고통을 이해하고 애정 어린 사랑을 공유하고자 하는 깊은 성찰이다. 이러한 성찰은 당대의 사회적 제도와 인습의 모순으로 억압받아왔던 하위주체에 대한 인식을 새로이 함으로써 다시는 잘못된 관행이 반복되지 않기를 바라는 경종의 메시지를 담고 있다

하디가 그려낸 하위주체들은 그들의 실패와 좌절의 연속에서도 어둡고 슬픈 삶의 비극을 넘어 내일의 삶의 행복을 믿으며 희망하고 있는 점을 보여준다. 그 이면에는 하디의 인간에 대한 영원불멸한 진정한 사랑의 가치가 깃들어 있다. 이런 점에서 볼 때 하디는 "위대한 현대의 비극적인 인본주의자"(Widdowson 24)라고 말할 수 있다.

김선향. 이경아. "토마스 하디의 염세주의-그의 시를 중심으로." 인문논총. 제 3
집. Vol. 13. 2000.

김미경. 『토마스 하디 소설에 나타난 포스트콜로니얼 페미니즘』. 박사학위 논문.
군산대학교 대학원, 2008.

김성곤. 『脫모더니즘 時代의 美國文學』. 서울대학교 출판부, 2001.

백원기. 『하디 시의 이해』. 서울: 경진문화사, 2001.

______. "토마스 하디의 시: 불교의 사비(*Metta*) 사상 실천." 『농서비교문학저널』.
제7호, 2002.

스티브 모튼. 『스피박 넘기』. 이윤경 역, 서울: 도서출판 앨피, 2005.

우상균. 『교양을 위한 영시 공부』. 서울: 도서출판 동인, 2010.

윤명옥. 『하디 시선』. 서울: 지식을 만드는 지식, 2010.

윤천기. 『하디 소설의 연구』. 서울: 도서출판 이유, 2004.

임옥희. 『타자로서의 서구』. 서울: 도서출판 현암사, 2012.

장정희. "토마스 하디 소설에 나타난 기독교 문화와 성." 『근대영미소설』. 제 7
집, 2호. 2000.

장정희 외. 『페미니즘과 소설 읽기』. 서울: 도서출판 동인, 1998.

조병화. "토마스 하디의 시: 이상향으로서의 과거." 『현대영미시연구』. 제13권,
2호. 2007.

허정자. "토마스 하디 시에서의 신의 이미지." 『현대영미시연구』. 제11권, 1호.
2005.

Altick, Richard. D. *Victorian People and Ideas: A Companion for the Modern Reader
of Victorian Literature*. New York: Norton, 1973.

Auden, W. H. "*A Literary Transference.*" *Southern Review* 6 Summer, 1940.

Auerbach, Nina. *Women and Demon: The Life of a Victorian Myth*. Cambridge,
Massachusetts: Harvard UP, 1982.

Bailey, James. O. *The Poetry of Thomas Hardy: A Handbook and Commentary*.
Chapell Hill: U of North Carolina P, 1970.

Bhabha, Homi K. "*Remembering Fanon: Self, Psyche and the Colonial Condition,*"
Colonial Discourse and Post-Colonial Theory. New York: Columbia UP, 1994.

Boumelha, Penny. *Thomas Hardy and Women: Sexual Ideology and Narrative Form*.
New Jersey: The Harvester Press, 1982.

Bronfen, Elisabeth. "Pay as You Go: On the Exchange of Bodies and Signs." *The
Sense of Sex*. Ed. Margaret R. Higonnet Chicago: U of Illinois P, 1993.

서벌턴的 시각에서 **토마스 하디**의 소설과 시 다시 읽기

Burstein, Janet. "The Journey beyond Myth in *Jude the Obscure*," *Modern Critical Interpretations*. New York: Chelsea House Publishers, 1987.

Butler, Lance. *Thomas Hardy*. New York: Cambridge UP, 1978.

Carpenter, Richard C. *Thomas Hardy*. Boston: Twayne Publishers, 1964.

Casagrande, Peter J. "'Something More to Be Said': Hardy's Creative Process and the Case of Tess and Jude," *New Perspectives on Thomas Hardy*. Ed. Charles P. C. Pettit. London: Macmillan, 1994.

Cedric, Watts. "Hardy's Sue Bridehead and the New Woman." *Critical Survey 5*. 1993.

Collins, Deborah L. *Thomas Hardy and His God*. London: Macmillan, 1990.

Donaldson, Laura E. "The Miranda Complex: Colonialism and the Question of Feminist Reading." *Diacritics*. Vol. 18. No. 3. 1988.

Duvey, Madhu. *Black Women Novelists and The Nationalist Aesthetics*. Indiana UP, 1994.

Eagleton, Terry. "The Limits of Art," *Modern Critical Interpretations*. New York: Chelsea House Publishers, 1987.

Evelyn, Hardy. *Thomas Hardy: A Critical Biography*. New York: St. Martin's P, 1955.

Fernando, Llyod. *'New Women' in the Late Victorian Novel*. University Park, Pennsylvania: Pennsylvania UP, 1977.

Florence, Hardy E. *The Life of Thomas Hardy*. London: Macmillan, 1962.

______. *The Life of Thomas Hardy*. New York: St. Martin's, 1965.

______. *The Life of Thomas Hardy*. 1840-1928. London: Macmillan, 1975.

Gerber, Helmut E. and Eugene Davis W. comps. and eds. *Thomas Hardy: An Annotated Bibliography of Writings about Him*. Dekalb: Northern Illinois UP, 1973.

Gibson, James. *The Complete Poems of Thomas Hardy*. New York: MacMillan, 1976.

______. "The Characteristic of All Great Poetry: Thomas Hardy," *New Perspectives on Thomas Hardy*, Ed., Charles P. C. Pettit, London: Macmillan, 1994.

Hands, Timothy. "A Bewildered Child and His Conjurors: Hardy and the Ideas of His Time." *New Perspective on Thomas Hardy*. Ed. Charles C. Pettit. Lodon: Macmillan, 1994.

Hardy, Thomas. *Collected Poems of Thomas Hardy*. London: Macmillan, 1930.

______. *Jude the Obscure*. Ed. Oxford: Oxford UP, 2008.

______. *Tess of the D'Urbervilles*. London: Harper Collins Publishers, 2010.

Howe, Irving. *Thomas Hardy*. New York: Macmillan, 1967.

Ingham, Patricia. *The Language of Gender and Class: Transformation in the Victorian Novel*. London: Routledge, 1996.

Kramer, Dale. *Critical Approaches to the Fiction of Thomas Hardy*. London: Macmillan, 1979.

Lodge, David. "*Jude the Obscure*: Pessimism and Fictional Form," in *Critical Approaches to the Fiction & Thomas Hardy*, Ed. Dale Kramer. London: Macmillian, 1979.

Lucas, John. *The Literature of Change: Studies in the 19th Century Provincial Novel*. Sussex, New York: Harvester Press, Barnes & Noble, 1980.

Millgate, Michael. Ed. *Thomas Hardy: Selected Letters*. Oxford: Clarendon Press, 1990.

Michell, Juliet. *Psychoanalysis and Feminism*. New York: Vintage Books, 1975.

Miller, J. Hillis. *Tess of the D'Urbervilles: Repetition as Immanent Design*. *Modern Critical Interpretations*. New York: Chelsea House Publishers, 1987.

Mohanty, Chandra Talpade. "Under Western Eyes: Feminist Scholarship and Colonial Discourses." *Colonial Discourse and Post-Colonial Theory*. New York: Columbia UP, 1994.

Page, Norman. "Vision and Blindness," *Modern Critical Interpretations*. New York: Chelsea House Publishers, 1987.

Perkins, David. *A History of Modern Poetry: From the 1890s to the High Modernist Mode*. Vol. 1. Cambridge: Harvard UP, 1976.

Purdy, R. L. & Millagate, M. *Collected Letters of Thomas Hardy*. 7 Vols. Ed. Oxford: Clarendon Press, 1979-1990.

Saldivar, Ramon. "*Jude the Obscure*: Reading and the Spirit of the Law." *Modern Critical Interpretations*. New York: Chelsea House Publishers, 1987.

Sherwood, G. W. *The Pessimism of Thomas Hardy*. Rutland: Fairleigh Dickinson UP, 1976.

Southerworth, James G. *The Poetry of Thomas Hardy*. New York: U of Columbia P, 1947.

Spivak, Gayatri C. "*Can the Subaltern Speak?*," *Marxism and the Interpretation of Culture*. eds. & Intro. Cary Nelson and Lawrence Grossburg. Macmillan, 1988.

______. *"Can the Subaltern Speak?," Colonial Discourse and Post-Colonial Theory.* New York: Columbia UP, 1994.

Stave, Shirley A. *The Decline of the Goddess: Nature, Culture and Women in Thomas Hardy's Fiction.* Westport: Greenwood Press, 1995.

Tanner, Tony. *Colour and Movement in Hardy's Tess of the D'Urbervilles.* New York: Chelsea House Publishers, 1987.

Weinstein, Philip. M. Hardy: *"Full-Hearted Evensong," The Semantics of Desire: Changing Models of Identity from Dickens to Joyce.* Princeton, N. J.: Princeton UP, 1984.

______. *"The Spirit Unappeased and Peregrine": Jude the Obscure. Modern Critical Interpretations.* New York: Chelsea House Publishers, 1987.

Widdowson, Peter. *Hardy in History.* London: Routledge, 1989.

Zietlow, Paul. *Moments of Vision: The Poetry of Thomas Hardy.* Cambridge: Harvard UP, 1974.

[ㄱ]

서벌턴的 시각에서 **토마스 하디의 소설과 시 다시 읽기**

[ㅈ]

서벌턴的 시각에서 **토마스 하디의 소설과 시 다시 읽기**

지은이 사공철

국민대학교 영어영문학과를 졸업하고 성균관대학교 대학원에서 영어교육 석사, 영문학 박사 공부를 마쳤다. University of Bridgeport, English Language Institute(CT, U.S.A.)를 수료하였다. 우석대학교에서 포스트콜로니얼의 서벌턴을 토마스 하디 작품에 적용한 논문으로 문학박사 학위를 받았다. 한국교육개발원(KEDI) 등에서 직장생활을 10여 년 하였다.
대구한의대학교 객원교수, 서일대학교 겸임교수, 장안대학교 초빙교수 등으로 출강하였으며 현재는 경운대학교 교수로 재직 중이다.

학술 논문으로는 *Santiago's Dream and Self-fulfillment* 외 여러 편
전문서 『(英語人을 위한) 英美 言語와 文化』 외 여러 편
실용서 *Practical English for TOEIC Workshop, Business English* 외 수십 편
번역서 *The House on Hope Street* 등이 있다.

서벌턴的 시각에서 토마스 하디의 소설과 시 다시 읽기

초판 발행일 2013년 8월 15일

지은이 사공철
발행인 이성모
발행처 도서출판 동인
주 소 서울시 종로구 명륜2가 237 아남주상복합아파트 118호
등 록 제1-1599호
TEL   (02) 765-7145 / FAX (02) 765-7165
E-mail dongin60@chol.com
ISBN   978-89-5506-543-5
정가   12,000원